为传统经典注入新的时代内涵

为新时代提供传统的营养源泉

中 华 名 著 导 读

儒典学习

中华书局《月读》编辑部 编著

大有書局
DA YOU BOOK COMPANY (BEIJING)

图书在版编目（CIP）数据

儒典学习 / 中华书局《月读》编辑部编著 . — 北京：大有书局，2021.8
（中华名著导读）
ISBN 978-7-80772-039-3

Ⅰ . ①儒… Ⅱ . ①中… Ⅲ . ①十三经—研究 Ⅳ . ① Z126.27

中国版本图书馆 CIP 数据核字（2021）第 155760 号

书　　名　儒典学习
　　　　　RUDIAN XUEXI
作　　者　中华书局《月读》编辑部　编著
丛 书 名　中华名著导读
项目统筹　刘韫劼
策　　划　叶敏娟

责任编辑　叶敏娟　周　舟
装帧设计　罗　洪
责任校对　许海利
责任印制　李　怡
出版发行　大有书局
　　　　　（北京市海淀区长春桥路 6 号　100089）
综 合 办　（010）68929273
发 行 部　（010）68922366
经　　销　新华书店
印　　刷　北京盛通印刷股份有限公司
版　　次　2021 年 8 月北京第 1 版
印　　次　2021 年 8 月北京第 1 次印刷
开　　本　140 毫米 ×203 毫米　1/32
印　　张　6.25
字　　数　94 千字
定　　价　36.00 元

出版说明

大有书局是中共中央党校（国家行政学院）主管主办的一家中央级出版机构，为更好地融合传统文化与主题出版资源，我书局与中华书局合作，从其主办的《月读》杂志中精选一批历年来深受读者好评、以传统文化为核心内容的优秀作品，按照“人物故事”、“经典名篇”和“名著导读”三大类别编辑形成系列图书，希望其中包含着的修德立身精神、治国理政智慧有益于读者尤其是党政干部读者。

呈现给读者的系列图书，旨在古为今用，推陈出新。“人物故事”系列用时代精神讲述古圣先贤的生平、功绩、思想及贡献，希望能给读者提供现实借鉴；“经典名篇”系列汇集体现诸子文士思想精华的锦言妙文，有学习引用之便；“名著导读”系列以当下的视角解读中华传统经典名著，力图给读者以新解新知。

为满足读者的阅读需求，我们在整理过程中逐渐形成“突出经典，彰显从政智慧”的编选原则，在对大量原作进行归类整理、勘误校正的基础上，重点选择那些既与现实热点、大事大势结合紧密，同时又体现传统经典趣味性、知识性及思想性的文章。该系列图书力图做到小而美、精而雅，使传统经典常读常新，焕发新的阅读乐趣。

大有书局

2021 年 4 月

目 录

一 《尚书》：上古治国理政经验之总结 001

无从考证的作者 002

版本的流变 004

影响深远的治国理政思想 006

我们为什么读《尚书》 014

经典诵读：《尚书》选读 016

二 《周易》：阴阳属性中的哲学智慧 019

解读“周”“易” 020

《易经》反映的世界观 023

《易传》：对《易经》的阐释 027

经典诵读：《周易》选读 034

三 《诗经》：中国现存最早的一部诗歌总集 037

最初的称呼是什么 038
结集的过程 039
《诗经》是孔子删定的吗 041
《诗经》中的“六义” 042
《诗经》的流传和内容 045
《诗经》中反映的自立自强自信 049
今天怎样读《诗经》 051
经典诵读：《诗经》选读 054

四 《左传》：我国第一部成熟的编年体史书 057

《春秋》与“《春秋》三传” 058
作者是左丘明吗 060
《左传》的特点 061
《左传》中的重国重民重德思想 063
经典诵读：《左传》选读 069

五 《论语》：记录孔子及其弟子言行的著作　071

《论语》的“论”究竟怎么读　072
《论语》为什么不叫《孔子》　073
“半部《论语》治天下”　075
《论语》实现的文化输出　076
今天怎样读《论语》　078
注本推介　080
经典诵读：《论语》选读　081

六 《孟子》：讲述内圣外王之道的儒家经典　085

难遇知音，退而著书　086
从“子”到“经”　088
天时地利人和的仁政思想　091
经典诵读：《孟子》选读　094

七 《孝经》：以“孝”为核心的儒家经典 098

《孝经》作者之谜 099
《孝经》的传承与革新 102
令帝王们亲自作注的科举仕宦阶梯 105
以德治国，营造和谐社会 110
经典诵读：《孝经》选读 113

八 《仪礼》：上古礼仪之重要典籍 115

争议最多的作者 116
《仪礼》记录了什么 119
在《仪礼》中体验古代生活 124
经典诵读：《仪礼》选读 127

九 《尔雅》：中国现存最早的一部词典 131

神秘的作者 132

“宝库”之阶路　134
今天怎样读《尔雅》　137
经典诵读：《尔雅》选读　141

十　《说文解字》：认识汉字之门　143

奠定中国文字学、字典学的基础　146
今天怎样读《说文解字》　150
解密古代文字的“密码”　152

十一　《大学》《中庸》：讲述修身治国的儒家经典　157

《大学》和《中庸》原是两篇文章　158
朱熹为什么要为《大学》和《中庸》
单独作注　160
令前人大赞的“独有宝贝”　163
经典诵读：《大学》《中庸》选读　166

十二 《四书章句集注》：朱熹最具代表性的理学名著　170

成书背景　171

成书过程　174

“切已知道”读书法　178

并行不悖的“和谐”思想　182

经典诵读：《四书章句集注》选读　185

一 《尚书》：上古治国理政经验之总结

《尚书》是中国现存最早的一部政史类资料汇编，保存了自帝尧时期至东周初年的一些重要史料。全书总结了我国上古治国理政经验，内容非常丰富，涉及政治、军事、礼制、官制、法制、天文、地理、音乐、舞蹈和教育等诸多领域，是中华优秀传统文化的重要源头，对研究我国上古历史具有重大价值。

无从考证的作者

先秦时期，《尚书》被称为《书》，汉以后才被称为《尚书》，意为“上古之书”。

《尚书》的作者是谁，已经无从考证。《尚书》中有《尧典》《舜典》《大禹谟》等篇，但作者显然不是尧、舜、禹时代的人，因为那时尚无成形的文字。虽然有学者认为丁公陶片上的刻符是文字，但迄今并未得到学术界的广泛认同，更何况《尧典》《舜典》等篇的开篇之句就是“曰若稽古”，明明白白交代了此文是后人考察前人事迹而写成的。可见，这些文章的作者不是尧、舜、禹三代的人，是完全可以肯定的。

那么，《尚书》的作者是不是夏、商两代的史官呢？

殷墟甲骨文是我国最早并且已经很成熟的书写文字，这是大家熟知的，但百分之九十五以上的殷墟甲骨文都是寥寥几句，用来记录商王从事占卜、田猎、农事活动，少则几字、十几字，多则几十字，像《尚书》这种长篇的政史类文章，并未被发现。因此，《尚书》的作者不是夏、商史官，这推断应该是可以成立的。但《尚书·周书·多士》中说“惟尔知，惟殷先人，有册有典，殷革夏命”，殷商史官口口相授，或用文字记录了一些史料，也是可能的。

历史学家范文澜说“《尧典》等篇，大概是周朝史官掇拾传闻”书写而成，这是正确的。《尚书》的作者应该是西周至春秋时期的史官，他们是当时的大学者。《尚书·周书》有文三十余篇，占全书篇目一半以上，即佐证。但也有学者考证后认为，《尚书》中有些篇章系两汉魏晋时人所写。这也是可能的。因为《尚书》在长期流传中并无定本，羼入后人的一些作品，不足为奇。

《尚书》成于何时？《论语·述而》说：“子所雅言，《诗》、《书》、执礼，皆雅言也。”这是说孔子已把《尚书》选为教材。《孟子》中有“尽信《书》，则不如无《书》”的话，说的是孟子读到《尚书·武成》篇关于武王伐纣、双方战于牧野时，他对战场上“血流漂杵”的描述产生质疑，于是说了这句话。这说明孟子是读过《尚书》的。《墨子》中有不少篇章大量引述了《尚书》原文。《庄子·天下》说：“其在于《诗》《书》《礼》《乐》者，邹鲁之士、搢绅先生，多能明之。”由此可知，早在春秋时期，《尚书》就已编纂成册；到了战国时期，已有不少知识分子研读过此书。

版本的流变

《尚书》的版本，在流传过程中，多次发生变化。《汉书·艺文志》说，孔子选《尚书》为教材，删定为百篇。到了秦末，战乱兴起，《尚书》失传。及至汉代，出现了两种版本的《尚书》。

一为《今文尚书》。秦末，山东济南的秦博士伏生为避兵乱而逃亡，把自己手中的《尚书》藏在屋壁中。汉初，天下安定，伏生回乡，从壁中取出藏书，其竹简大多蠹坏，经过整理得完整的二十八篇，在齐鲁传授，学者甚众。汉文帝时，求能治《尚书》的人，时人推举伏生，但当时伏生已经九十余岁，老不能行，文帝便遣太常事史掌故晁错前往求教，由伏生口授，晁错笔录，传得二十八篇（汉武帝时，民间又得《太誓》一篇，相传由汉宣帝时河内女子坏老屋所得，合伏生所传的二十八篇总计二十九篇，故《史记》《汉书》的《儒林传》中说《尚书》为二十九篇。不过，这篇《太誓》被马融等人发现为伪作，遂废，《尚书》仍为二十八篇），被立于学官。因其用当时通行的隶书写成，故称《今文尚书》，又称伏生版《尚书》。

二为《古文尚书》，又称孔壁《尚书》。汉景帝末年，鲁恭王为扩大宫室，拆毁了孔子故宅的一段墙壁，发现另一部《尚书》，是用先秦六国时字体书写的，所以称《古文尚书》。

东晋时，豫章内史梅赜献《古文尚书》及孔安国《尚书传》，共计五十八篇。唐太宗时，孔颖达奉诏撰《尚书正义》，就是用这个本子作为底本。我们今天常用的《尚书》，也是这一部。需要指出的是，自宋代以来就有学者开始怀疑梅赜这部书，认为其文字不像周、秦时的文辞。到了清代，更多的学者对此书进行了考证，并有相关成果问世，其中以阎若璩的《尚书古文疏证》最为有名。众多学者通过研究，最终认为梅赜所献的

《尚书》并非全伪，而是一部真伪相杂的书，其伪造的篇目也是基本确定的。

影响深远的治国理政思想

《尚书》记录了我国上古时期统治者治国理政的经验，其中蕴含的思想和主张，对后世产生了深远影响。

崇尚天命，顺应民意

上古时代，社会生产力十分低下，文化、科学意识尚未萌发，自然力主宰着人类的命运。频繁的自然灾害和疫病，严重地威胁着人类生存。何因？何故？人们找不到答案，冥冥之中，认为这都是天地神祇所为。于是，人的精神世界笼罩在天命之中。崇尚天命，在《尚书》的许多篇章中都有详细记述。

后来，统治者们为了证明其统治地位的合法性，便说权力是上天赋予他们的，他们受上天之托管理社会、统治民众。“天命论”成了他们执掌权杖的武器。

再后来，发生了无数的权力争斗和转移，特别是发生了像殷革夏命、周革殷命这样重大的事件。这给一些人以极大的震撼——权力既然是上天授予的，为什么又会失去呢？经过几番苦苦思索，智者们得到了答案，即“天难谌，命靡常”（《咸有一德》）。原来天命不是永恒不变的，上天既然可以把权力交给你，当然也可以把权力收回去。

天命为什么会变？上天在什么情况下会把权力收走呢？“天矜于民，民之所欲，天必从之。”（《泰誓上》）上天爱怜民众，只要民众有要求，上天就会将权力收走，转移给更合适的人。

上天转移权力的意识从何而来？“天聪明，自我民聪明；天明畏，自我民明威。”（《皋陶谟》）“天视自我民视，天听自我民听。”（《泰誓中》）上天和百姓的心是相通的，天命来自民心。天命实际就是裹上了神的外衣的民心，是统治者之“心”。要想保有天命，必须获得民心。

怎样才能拥有民心呢？政治家、思想家们从夏、商、周三代权力转移的事实中深化了认识。“民罔常怀，怀于有仁。”（《太甲下》）“民心无常，惟惠之怀。”（《蔡仲之命》）人心之向背，决定天命之有无。商汤伐桀之时，说得很直白，是因为“夏王灭德作威”，施虐于百姓。百姓不忍其荼毒，告其罪于上天，上天才将灭夏的任务交给商汤。武王伐纣，同样是这个缘由。周公在对殷商旧臣训辞时说：殷是由于纣王无德，上天才要终结他的国运。周只是奉行天命，执行上天的意志，而不是擅求王位。总之，他们起义，都是替天行道，顺从民意。

施德政，任贤能

殷革夏命、周革殷命，是我国上古时期最重大的社会变革。这种变革深化了当时一些政治家、思想家对治国理政的认识。“德惟治，否德乱。”(《太甲下》)“德日新，万邦惟怀；志自满，九族乃离。”（《仲虺之诰》）到了周代，召公更直接指出，夏、商两代都是由于“不敬厥德，乃早坠厥命”，并以此告诫年幼的成王。后来，成王更认为德政可以感动神灵、比吃饱肚子更重要：“至治馨香，感于神明。黍稷非馨，明德惟馨。”（《君陈》）可见，以德施政，成为我国上古时期治国理政的一条重要经验。

选用什么样的人，事关为政的成败，为历代帝王所重视。“野无遗贤，万邦咸宁。”（《大禹谟》）“明王立政，不惟其官，惟其人。”（《周官》）“官不及私昵，惟其能，爵罔及恶德，惟其贤。”（《说命中》）“国则罔有立政用憸人，不训于德，是罔显在厥世。”（《立政》）这里强调的是为政之道，首推用人；用人之道，当用贤能。《尚书》记载，帝尧选拔舜，是由于舜贤能；舜禅位于禹，也是由于禹治水有卓越的功绩。至于后世汤的大臣伊尹和武丁的大臣傅说，都是身份低微的人，但因为他们德才兼备，所以被选拔为辅佐之臣。

关注民生，安定社会

古代先哲曾经提出“民为邦本，本固邦宁”的主张，表明他们已经意识到国家的根基在于民众。民众安定了，一个国家的政权才会稳固。《大禹谟》中说：“可畏非民？”“四海困穷，天禄永终。”当时的统治者懂得，倘若失去了供养他们生活的百姓，他们自己也就活不成了。因此，统治者主张施政要关注民生问题。

《洪范》是较完整地提出社会治理原则、方略的一篇文章，它把五行列为施政要做的九件大事之首，可见统治者对民生问题的重视。五行是指金、木、水、火、土这五种保障民众生产生活、须臾不可或缺的基本物质。这些物质丰富了，民众生活就安定了，政权也就稳固了。该文还把解决民生问题的方法具化为“八政”，即施政要做好食、货、祀、司空、司徒、司寇、宾、师八项政务，关心民众吃饭、生财、祭祀以及救助、教育、治安等问题。这些论述闪烁着古代先哲们的思想光辉。

周公平定武庚叛乱后，深知实现殷商旧地社会的安定，对于巩固周王朝政权十分重要。周公极力推行明德、保民、慎刑的政策，要求卫国诸侯王姬封用自己害了病一样的心情对待殷旧臣民，像爱护自己孩子一样爱护殷旧臣民。经过多年努力，周王朝政权终于稳定，为社会的发展奠定了基础。

提倡勤勉政务，反对安于逸乐

古代先哲深知维持政权长期存在并非易事。因为“皇天无亲”“民心无常”（《蔡仲之命》），甚至鬼神也“无常享”，只有勤于政务，才能实现长治久安。如果“内作色荒，外作禽荒，甘酒，嗜音，峻宇，雕墙”（《五子之歌》），国家就会灭亡。

《无逸》集中反映了上古政治家们的这一理念。这篇文章是周公归政后，担心成王年轻，因贪图安逸荒废政事而发表的告诫之辞。他说：“君子所其无逸。先知稼穑之艰难，乃逸，则知小人之依。”君主只有了解劳作之艰辛，知道民众生活之辛苦，才会兢兢业业处理政务、维护社会稳定。

勤勉政务，要善作善成，就像种地，“既勤敷菑，惟其陈修，为厥疆畎”；又像建房，“既勤垣墉，惟其涂塈茨”；又像制作木器，“既勤朴斫，惟其涂丹雘”。以上皆出自《梓材》。如果半途而废，就将一事无成。

怀有责任意识，才能克服慵懒逸乐的思想。君主意识到自身责任重大，就会振奋精神，勤于政务，自觉抵制嬉戏逸乐。

依法治理，谨慎施刑

上古时期，由于财富的私有化，出现了“蛮夷猾夏，寇贼奸宄”等现象，于是产生了法律，用以调节各种社会关系。早在帝舜时期，就设置了专管司法的官员，制定了“五刑”（即墨、刵、宫、劓、大辟五种刑罚），并将其图像刻在器物上以警示人们；还规定用刑要“惟明克允”，做到明察案情，量刑公允。

《吕刑》是《尚书》中唯一一篇专讲法律的文献，它全面讲述了如何依法治理、慎于用刑。“罚惩非死，人极于病”，施刑的目的不是要置人于死地，而是要让他感到像患了场大病那样难受。“两造具备，师听五辞”，要听取原告、被告双方的讼词，不能只听一面之词。“简孚有众”“无僭乱辞”，要从第三方了解案情，不能听信虚假供词。“惟察惟法，其审克之”，要依法明察案情，将事实审核清楚。“明启刑书，胥占，咸庶中正”，定案要以法律条文为依据，反复思考，做到公正，令人信服。此外，如果用五刑条文量刑过重，就按五罚条文处治；如果按五罚条文量刑过重，就按五过条文处治。不能轻罪重判，要力求合理合法。

《吕刑》还提出：“非佞折狱，惟良折狱，罔非在中。”狱官不能由巧言利舌者担任，要选拔善良正直者担任，如此，案件才会得到公正合理的审判。“狱货非宝，惟府辜功，报以庶尤。”狱官不能利用职权贪污受贿，否则将以犯罪论处，受到惩治。

虽时隔几千年，《吕刑》中提到的这些原则，在今天的司法工作中仍然值得借鉴。

强化危机意识，加强学习修身

从多次的权力更迭中，哲人们认识到统治者是否具有居安思危的意识对能否巩固政权非常重要。具有忧患意识，就不会陷入困境；缺少这种意识、安于逸乐、怠政荒政，就一定会陷入困境。于是哲人们发出了“无安厥位，惟危。慎终于始”（《太甲下》）的呼声，抒发了“心之忧危，若蹈虎尾，涉于春冰”（《君牙》）的感慨，这是不无道理的。

周曾是西部边陲的一个小邦国，经过发展，居然灭了东方的大国——殷，这一重大社会变革，给周人造成了很大的心灵震撼。他们总结的经验教训之一，就是要以殷为鉴，吸取殷亡的教训。周公在《酒诰》中说：“古人有言曰：‘人无于水监，当于民监。’今惟殷坠厥命，我其可不大监抚于时！”当姬封为卫国国君后，周公就告诫他到卫国后，要虚心学习殷商前代明君治国安邦的经验，广泛听取殷地德高望重的长者的教诲，还要遍求古代圣君安民保民、治国安邦的遗闻，以提高为政能力。不学习，就像是面对墙壁站立的愚人，哪里还能执掌权力啊！

学习不是为了粉饰自我。“人求多闻，时惟建事。”（《说命下》）对统治者而言，学习是为了提高执政能力。为此，先哲强调要通过学习，自觉修身养德。“慎厥身，修思永”（《皋陶谟》），修身要持之以恒。“夙夜罔或不勤，不矜细行，终累大德”（《旅獒》），修身要从小事做起，还要长期坚持。“从谏弗咈，先民时若”，“与人不求备，检身若不及”（《伊训》），要从谏如流，自检自省。这些话，对今人仍有启迪意义。

我们为什么读《尚书》

《尚书》蕴含着丰富的社会治理经验和教训。从社会政治学的角度看，说它构建了我国古代社会政治文化的基本特点，实不过分。在历史发展的长河中，虽然具体的社会条件发生了变化，但《尚书》中一些具有普遍价值的思想和主张，无不在传承中延续和发展着。今天，中国的社会政治文化中，依法治国、以德治国、以人为本、德才兼备、任人以贤等理念，都可以从《尚书》中找到源头。可见，《尚书》对我国社会政治文化的影响既深且广。要论中国古代诸多典籍对后世为政者的影响力，恐怕也应该首推《尚书》。

然而，我们还要了解的是，《尚书》作为意识形态的载体，必然打上了时代的烙印，体现着那个时代统治阶级的意志和愿望。在后来封建社会的长期流传中，又不免渗进了当时学者们的思想观点。这就需要我们在阅读《尚书》时，坚持历史唯物主义的态度，取其精华，去其糟粕，发掘其中对当今社会进步有积极意义的内容，做到古为今用。

推而广之，在对待祖先留下的历史文化遗产时，我们也应采取开放的态度，广采博取，从中汲取有益养分，不断探索总结治国理政经验，目的是更好地维护和巩固人民在国家中的主体地位，按人民的意愿办事，从而实现人民最广泛、最根本的利益。

经典诵读：《尚书》选读

周公若曰：“君奭，弗吊，天降丧于殷，殷既坠厥命。我有周既受，我不敢知曰厥基永孚于休。若天棐忱，我亦不敢知曰其终出于不祥。”

“呜呼！君已曰时我。我亦不敢宁于上帝命，弗永远念天威。越我民罔尤违，惟人。”

“在我后嗣子孙，大弗克恭上下，遏佚前人光在家，不知天命不易。天难谌，乃其坠命，弗克经历，嗣前人恭明德。”

“在今予小子旦非克有正，迪惟前人光，施于我冲子。”

又曰：“天不可信，我道惟宁王德延，天不庸释于文王受命。”

公曰：“君奭，我闻在昔成汤既受命，时则有若伊尹，格于皇天。在太甲时，则有若保衡。在太戊时，则有若伊陟、臣扈，格于上帝。巫咸乂王家。在祖乙时，则有若巫贤。在武丁时，则有若甘盘。率惟兹有陈，保乂有殷，故殷礼陟配天，多历年所。”

“天惟纯佑命则，商实百姓王人，罔不秉德明恤。小臣屏侯甸，矧咸奔走。”

“惟兹惟德称，用乂厥辟。故一人有事于四方，若卜筮，罔不是孚。”（《尚书·君奭》）

周公说：“奭啊！由于做下了许多不好的事情，天便给殷降下了丧亡的大祸，殷已经丧失了上天所赐予的大命。我们周国已经得到了这个大命，但我不敢说，我们的事业能永远沿着美好的前程发展下去。虽然上天诚心地辅助我们，但我还是不敢说我们的事业能否长久。

“唉！你曾经说我能够担起治理周国的重担。但我却不敢安于上天的命令，不去常常考虑上天的威罚。我们的民众是不会产生怨恨情绪的，一切都在人为啊！

“恐怕我们后代子孙，不能敬天理民，失掉前人的光荣传统，不知道天命的艰难。天命是难于相信的，如果不能永远继承前人的光荣传统，就会失去上天所赐予的大命。

“现在我姬旦不能做别人的表率，只能以前人的光荣传统来开导我幼小的国王而已。”

周公又说：“上天是不能相信的，我们只有努力发扬文王的光荣传统，使之长久地保持下去，这样上天便不会舍弃文王所受的大命了。”

周公（接着）说：“奭啊！我听说过去成汤既已接受上天的大命，便有个伊尹辅佐成汤，使成汤得以升配于天。在太甲时，有个保衡。太戊时又有伊陟和臣扈，分别辅佐他们，使他们得以升配于上帝。巫咸帮助殷王治理国家。祖乙时有个巫贤，武丁时有个甘盘。正因为有这些老成之人帮助治理殷国，才使殷国诸王享受配天的祭祀，殷国的统治，才能经历许多年代。”

“上天只大力帮助那些有道德的人，商的百姓、同族没有不按照一定原则努力谨慎地为殷王服务的。至于那些小臣和地方官们，更是努力奔走服务王事了。”

“因此群臣各称其德，以辅助他们的国王治理国家。所以国王一旦向四方发出什么号召，就好像相信卜筮的灵验一样，对国王的号召，四方的人没有不相信的。”

二 《周易》：阴阳属性中的哲学智慧

《易》，又称《周易》，是“十三经”之一。春秋时期著名思想家、儒家学派创始人孔子对此书颇为喜爱，《史记·孔子世家》说“孔子晚而喜《易》”，“读《易》，韦编三绝”。马王堆帛书《周易》之《要》篇也有“夫子老而好《易》，居则在席，行则在囊”的说法。《论语·述而》更记载孔子的言论说：“加我数年，五十以学《易》，可以无大过矣。”他认为这部书对提高人的道德修养有重要意义。那么，如此受孔子重视的《周易》，究竟是一部怎样的书呢？

解读“周”“易”

今天见到的《周易》，包括《易经》和《易传》两部分，所谓“传”就是对“经”的解释，这与《春秋左氏传》性质相同。在阐述《易经》和《易传》前，我们有必要先对《周易》这个书名做个解释。

“周”主要有这么几个意思：一是周代；二是循环往复（《周易·系辞下》：“周流六虚。……不可为典要，唯变所适。”）；三是周知万物（《周易·系辞上》：“知周乎万物，而道济天下。”）；四是周密。后世学者研究认为，“循环往复”的方法和“周知万物”的特征是这里“周”的主要含义。

再说“易”字。清代朱骏声《六十四卦经解》中有言：“易有三义，易简，变易，不易。”《秘书》说：“日月为易，象阴阳也。”《秘书》的这句话说明了人类对世界的认识首先是从日月交替和变化开始的，而且这两种天体的运行与古人的生活也联系得最为密切。但是，如果只有变化，或者所有事物都存在于绝对的变化之中，那么事物也就变得不可知了。因此，《六十四卦经解》在提出“变易”之义时，又提出将“不易”（即“不变”）作为“变易”的对立面。这一道理与马克思主义哲学体系中有关静止与运动的论点有异曲同工之妙。更为重要的是，《周易》通过分析，将事物都分成对立统一的关系再加以理解和阐释，而对立统一规律又贯穿一切事物发展的始终。这样，《周易》不仅阐释了事物的本质属性和变化规律，还能够通过分析对立与统一的规律使事物的本质和变化规律变得更加简单、清楚。因此，“变易”的“不易”是世界观，而“易简”是方法论，“易简”存在于“不易”与“变易”中。人们通过对《周易》卦象的分析和演绎，能够在某种程度上预知未知世界的部分情况。

也就是说，《周易》的基本原理就是通过不断“变化”的方法，拓展、深化人们对现实世界和未知世界的认识。

此外，《老子》说：“道可道，非常道。”“道”这个概念，在古人眼中充满了模糊性和抽象性。《周易·系辞上》则明确指出：“一阴一阳之谓道。”庄子也提出“《易》以道阴阳”（《庄子·天下》）。可见，《周易》在认识上的意义就在于它将“道”分为阴阳两种对立的形式，使“道”从“不可道”的神秘中走出来，展现出人们可以认识的世界面貌。《周易》的基本元素是阴阳，根本方法是阴阳，本质内容和符号特征也是阴阳。《周易》通过解释阴阳两种属性揭示天、地、人的生存逻辑与发展变化，它代表着那个时期人们探索、认识世界的观点和方法，也记载着那个时期人们认识世界的经验和体会。它以普遍联系的观点与对立统一的方法，对事物的发展与变化预先做出吉、凶、悔、吝等判断，目的是劝善惩恶、避凶趋吉。

《易经》反映的世界观

《易经》的创作过程大致经历了三个阶段：阴阳概念的产生，八卦的创立，重卦并撰写爻辞。

在古人心中，天地、男女、昼夜、炎凉、上下等生活中遇到的现象和概念，都体现着普遍性和相互对立的矛盾性。根据这种直接感受和朴素的观察，古人把宇宙间变化多端、纷繁复杂的事物分为阴、阳两大类，用阴、阳两种符号表示，阳为“—”，阴为“--”，象征着相互对立的种种事物和现象。

在此基础上，古人以阴、阳两种符号为“爻”，每三爻叠成一卦，于是就有了“八卦”这一概念。八卦有不同的名称和形式，分别是乾卦（☰）、坤卦（☷）、震卦（☳）、巽卦（☴）、坎卦（☵）、离卦（☲）、艮卦（☶）、兑卦（☱）。为了便于记忆，《周易本义》中还记载了《八卦取象歌》：“乾三连，坤六断，震仰盂，艮覆碗，离中虚，坎中满，兑上缺，巽下断。”

八卦中的每一卦都有着自己的象征意义：

乾卦的卦形为三阳，主要象征天，其性质为“健”（刚健）。此外，乾卦还象征老父亲、西北、秋冬之交等。

坤卦的卦形为三阴，主要象征地，其性质为“顺”（和顺）。此外，坤卦还象征老母亲、西南、夏秋之交等。

震卦的卦形为一阳二阴，主要象征雷，其性质为“动”（奋动）。此外，震卦还象征长男、东方、木、春天等。

巽卦的卦形为二阳一阴，主要象征风。而风是无孔不入的，所以巽卦的性质为“入”（潜入）。此外，巽卦还象征长女、东南、春夏之交等。老北京四合院的大门一般开在东南方向，就是取“入”这个意思。

坎卦的卦形为一阳包含在二阴之中，主要象征水，其性质为“陷”（低陷），也是“险”。此外，坎卦还象征中男、北方、冬季等。

离卦的卦形为二阳在外，一阴含于内，主要象征火，其性质为“附”（附着）。此外，离卦还象征中女、南方、夏季等。

艮卦的卦形为二阴在一阳之下，主要象征山，其性质为“止”（静止）。此外，艮卦还象征幼男、东北、冬春之交等。

兑卦的卦形为一阴在二阳之上，主要象征泽，其性质为“悦”（喜悦）。此外，兑卦还象征幼女、西方、秋季等。

此后，又将八卦两两相重，就成了六十四卦。今天我们看到的《易经》就是六十四卦，分为上下两篇，上篇三十卦，下篇三十四卦。这六十四卦除了卦象、卦名之外，还有卦辞和爻辞。所谓卦辞就是解说这一卦基本内容的词句，所谓爻辞就是说明每一爻性质和内容的词句。

六十四卦卦象中的六爻，顺序自下而上，分别用“初、二、三、四、五、上”表示，阳爻称九，阴爻称六。其中初、二、三爻为下卦，也称内卦；四、五、上爻为上卦，也称外卦。这样说可能比较抽象，现举一例加以解释：《易经》中的第一卦，为卦象，卦名为乾，卦辞为“元亨利贞”。六画均为阳爻，都称九，下第一画称初九，爻辞为“潜龙，勿用”；第二画为九二，爻辞为“见龙在田，利见大人”；其余各爻分别称九三、九四、九五、上九，并各有爻辞。

据现代学者研究，卦辞和爻辞中所含的哲学思想可以分为三类。

第一类是讲自然现象的变化，用来比拟人事。如《大过》卦九五爻辞说：“枯杨生华，老妇得其士夫。无咎无誉。”特别是《乾》卦爻辞，更以龙象的变化来表现人政治生涯的起伏升降。这些比喻，都是将自然现象的变化同人事活动联系起来进行考察，试图在自然现象和人事之间寻找某种共通的东西，或借自然现象的变化说明人事活动的规则。其背后蕴含的观念就是天道与人道具有一致性，这对天人合一思想的形成，有着很大影响。

第二类是讲人事的得失可以转化。卦辞、爻辞中涉及许多对立的事物，如泰否、损益、吉凶、往来等。《易经》认为，这些对立事物之间是可以互相转化的，这在当时是难能可贵的思想。如《泰》卦九三爻辞说：“无平不陂，无往不复。艰贞无咎。”平陂、往复是两对对立面，但它们之间可以转化，因此，虽处于艰难不利之境，也可以无咎。

第三类是提出某些行为准则，对人有劝诫之意。如《谦》卦卦辞说：“谦：亨，君子有终。”初六爻辞说：“谦谦君子，用涉大川，吉。”强调人有谦卑的品德，则可以取得好的结果。又如《益》卦九五爻辞说：“有孚惠心，勿问元吉。有孚惠我德。”是说对人诚信，有慈惠之心，自然吉利。

可以看出,《易经》的卦辞、爻辞中，含有某些逻辑思维，反映了当时人的世界观。因此,《周易》被认为是讲天人之道即世界根本的原理、事物变易的法则、人生修养的学问的典籍。

关于《易经》的作者，是一个学术界争论不休的问题。我们比较熟悉的说法如伏羲作八卦，文王作卦辞爻辞，但都不是定论。目前，大多学者认为：当时掌管卜筮的人，于每次占卜之后，将所得的兆象和占断的词句记录下来；到年终，将积累的筮辞和卜辞进行整理，看其有多少条已经应验；将已经应验的筛选出来，作为以后卜筮的参考或依据；经过无数次的筛选、编排和文字加工，最后形成了《易经》。也有人提出《易经》的编纂出于周朝史官之手，这也是可信的。

《易传》：对《易经》的阐释

现存的《易传》共七种十篇，包括《文言》,《彖》上、下,《象》上、下,《系辞》上、下,《说卦》,《序卦》,

《杂卦》，又称“十翼”，言其为《易经》的羽翼，有辅助的意思，表示其创作宗旨是用于解释《易经》。

需要指出的是，这“十翼”在解释《易经》时各有一定的侧重点或特定的角度。《文言》分前后两节，分别解说《乾》《坤》两卦的象征意旨，故前节称《乾文言》，后节称《坤文言》。《彖》随上下经分为上下两篇，共六十四节，分释六十四卦卦名、卦辞及每卦的要旨。《象》也随上下经分为上下两篇，阐释各卦的卦象及各爻的爻象。《系辞》因自身篇幅较长，被分为上下两篇，可视为早期的《易》义通论，对《易经》的各方面内容做了较为全面、可取的辨析与阐发，有助于后人理解八卦、六十四卦及卦辞爻辞的大义。简言之，其主旨在于发《易》义之深微，示读《易》之范例。《说卦》是阐说八卦象例的专论。《序卦》旨在解说《周易》六十四卦的编排次序，揭示诸卦相承的意义。《杂卦》即打散《序卦》所揭示的卦序，把六十四卦重新分成三十二组，两两对举，以精要的语言概括卦旨。总之，《易传》是今天人们研究《易经》最重要的“津梁”。

关于《易传》的作者，唐以前多认为是孔子，像司马迁在《史记·孔子世家》中说：“孔子晚而喜《易》，序

《彖》《系》《象》《说卦》《文言》。"《汉书·艺文志》也记载："于是重《易》六爻，作上下篇。孔氏为之《彖》《象》《系辞》《文言》《序卦》之属十篇。"然而，到了北宋，欧阳修第一次对《易传》为孔子所作这一观点提出质疑。此后，关于《易传》作者问题的争论一直没有停歇。目前，学术界比较一致的观点是，《易传》作于春秋战国期间，且非一人所为。

《易传》从哲学的高度解释《易经》，它使《周易》的内容更加逻辑化、系统化，也使《周易》从最初的卜筮之书最终发展为一部哲学著作。

我们今天读《易传》，可以发现很多哲学问题，以及深厚的文化底蕴和深刻的人生智慧。

第一，一阴一阳之谓道。前面说过，《周易》的基本元素就是阴阳。《易传》则吸收了道家和阴阳家的阴阳学说，以阴阳范畴解说《周易》的卦象、爻辞，并概括出一条总原则，即"一阴一阳之谓道"，并认为这是自然界和人类社会的普遍规律。"一阴一阳"，就是有阳就有阴，有阴就有阳，阳可变为阴，阴可变为阳。阴阳两个方面相互联结、相互作用，这就是一切事物发展变化的规律，所以称为"道"。正因为如此，我们观察事物的性质就要从阴阳（正反）两个方面看，既要看到阳（正）的一面，又要看到阴（反）的一面，不能有所偏废，否则就是以偏概全、见仁而不见智。这体现了中国古代朴素的辩证法思想。

可见，《易传》主要强调的是阴阳两个方面的相反相成、互济互补、和谐统一。当阴阳两种势力配置得当，协调相济，形成一种优化组合时，便会出现和谐的局面，从而使事物得以亨通；相反，就会使和谐局面受到破坏，以致发生冲突。因此，《易传》把“保合太和”作为最高的价值理想。“保合太和”就是使各种矛盾保持最佳的和谐状态，这是人类生存和发展的必要条件。

第二，物极则反。在《易传》看来，事物盈虚消长的变化过程中，总是由于发展到顶点，而向其自身相反的方面转化。这个道理易学史上称为“物极则反”。《易传》虽然没有明确提出此命题，但却阐发了这一思想。如《象传》中指出，《乾》卦六爻，从初爻到上爻，是一个向上发展的过程。五爻表示达到了高贵的地位，大有作为；但再往上发展，达到上爻即顶点，就要走向反面，此即“亢龙有悔，盈不可久也”。后来，孔颖达对此句加以阐发：“上居天位，久而亢极，物极则反，故

‘有悔’也。”(《周易正义·乾》)应该说这个阐发是符合《象传》本义的。“物极则反”，我们今天常称作“物极必反”。在古人眼中，它被认为是一条自然规律，要求我们做任何事情都要适度。

第三，忧患意识。基于对“物极则反”法则的认识,《周易·系辞下》说:“《易》之兴也，其于中古乎！作《易》者，其有忧患乎！”认为殷周之际，社会剧烈变动，天命转移，政权更替，所以《周易》充满了忧患意识，人们只有“惧以终始”，不忘忧危之事，才能在危机中保平安。又说:“其出入以度，外内使知惧，又明于忧患与故；无有师保，如临父母。”这是认为《周易》的作用就在于使人知道警惕戒惧，明白忧患与事故。后人十分重视《周易》中提出的忧患意识，将其视为处理人生际遇的准则。所谓忧患意识，是说人无论是处于顺境还是困境，都应时刻怀有警惕之心，即使处于逆境，也不要动摇自己的信念。正是基于这种忧患意识,《易传》又提出了“安而不忘危，存而不忘亡，治而不忘乱”的主张，并主张将其作为君子安身立命的依据。

第四，趋时尚中。为了避免倾危、保持安宁，或防止事物向坏的方面转化，《易传》提出要趋时尚中。所谓“时”，即时机、时运、时势，“趋时”就是主动地适应时势，及时抓住机遇。要想求得生存和发展，就必须“与时偕行”“变通趋时”。所谓“中”，就是不偏不倚，将事物的各种矛盾处理得恰到好处，既不过分，又无不及，从而使事物处于最佳状态。因此，《易传》特别推崇“中”，要求人们“执中守正”。应该说，《易传》中的“时中”理论，较之“中庸”又进了一步。

第五，“精义”“利用”“崇德”三者并举的人生价值论。“精义”反映着人与客观事物之间的关系，它是获得知识的途径。知识是人安身立命的理性工具和基础，“精义”正是对科学知识价值的肯定。“利用”是指人自觉地用科学知识作为手段创造物质财富，从而改善生活境遇、提高生命素质的行为。人的自然生命是其人格价值的载体，无视自然生命的质量，也就否定了道德价值的生理基础。“崇德”是人格价值的最高体现，是人的自然生命的精神归宿。《周易·系辞下》说：“精义入神，以致用也。利用安身，以崇德也。”是将知识、生命、人格三者有机地联系在一起，从而成为一个丰富动态的价值理论体系。这对于克服假、大、空的理论说教，避免物质享乐主义，具有积极意义。

《易传》中还提出天人协调论，主张人要“与天地合其德”，人既要发挥主观能动性，在自然面前有所为，又必须尊重自然规律，与自然和谐发展，不能破坏自然。此外，《易传》中的很多名言，如“天行健，君子以自强不息”“地势坤，君子以厚德载物”“立天之道曰阴与阳，立地之道曰柔与刚，立人之道曰仁与义”，至今仍被传诵，影响很大。

《周易》及易学所形成的哲学世界观，长期以来成为中国人观察、认识和解释世界的工具。可以说，《周易》为中华文化的思想体系提供了一个基本框架。这个体系的要素包括“刚健有为”“中和”“崇德利用”“天人和谐”等，其中“刚健有为”思想是处理各种关系的总原则；“中和”思想主要解决人与人之间的关系，包括民族关系，君臣、父子、夫妇、兄弟、朋友等人伦关系；“崇德”“利用”思想主要解决精神生活和物质生活的关系；“天人和谐”思想主要解决人与自然的关系。在这几个方面中，又以“刚健有为”思想为纲，形成了中华文化的基本思想体系。

总之，《周易》作为中华文化的一个源头，对中华文化基本精神和中华民族特色的形成以及人类文明的进步，有着巨大的贡献。

经典诵读：《周易》选读

天尊地卑，乾坤定矣。卑高以陈，贵贱位矣。动静有常，刚柔断矣。方以类聚，物以群分，吉凶生矣。在天成象，在地成形，变化见矣。是故刚柔相摩，八卦相荡，鼓之以雷霆，润之以风雨；日月运行，一寒一暑。乾道成男，坤道成女。乾知大始，坤作成物。乾以易知，坤以简能。易则易知，简则易从。易知则有亲，易从则有功。有亲则可久，有功则可大。可久则贤人之德，可大则贤人之业。易简而天下之理得矣。天下之理得，而成位乎其中矣。

一阴一阳之谓道，继之者，善也，成之者，性也。仁者见之谓之仁，知者见之谓之知。百姓日用不知，故君子之道鲜矣！显诸仁，藏诸用。鼓万物而不与圣人同忧，盛德大业至矣哉！富有之谓大业，日新之谓盛德。（《周易·系辞上》）

天尊贵而地卑下，这样乾坤的位置就确定了。当卑下与高贵陈列出来时，高贵与卑下也就随之有了各自的位置。天地之间一动一静都有一定的规律性，阳刚与阴柔也因此得以分断清楚。天下的事物各以其类别聚集，各种动物、生物也以其不同的群体而区分，吉与凶就在事物的同异中产生。当阴阳、刚柔分化后，在天空中形成天体如日月星辰的形象，在大地上形成了山川、动植物等景象，事物的变化就通过它们得以体现。所以阳刚与阴柔相互摩擦交流而生成八卦，八卦又相互推衍而成六十四卦，就如同以雷霆鼓动，又以风雨润泽；对于天象而言，日月的往来运行，形成了一寒一暑的交替。对于人类而言，乾道演变成男性，坤道演变成女性。乾道的智慧在于它是万物的伟大创始者，坤道的作为在于她在大地上生成万物。乾以其平易而充满智慧，坤以其简易而大有作为；事情只有平易才会使人容易明白，事情只有简易才会使人容易随从；容易为人所知就会有人亲近，容易随从就会建立功业；有人亲近则可以立身长久，建立功业就可立身宏大；立身长久是贤人的美德，立身宏大是贤人的事业。若能明白乾坤的平易与简约，那么，就会知晓天下的道理。知晓了天下的道理，就能将刚柔、阴阳、贵贱安排在适宜的位置。

一阴一阳的矛盾对立和变化统一就是事物发展的“道”，即规律性。继承这个“道”的是美善，而成就这个“道”的则是事物内在的固有本质。有仁爱之心的人从这个“道”中发现的只是“仁爱”，有智慧的人从这个“道”中发现的只有“智慧”，百姓在日常生活中每天都在运用此“道”却茫然不知，所以通达兼容的君子之“道”就更少为人所知了。阴阳之道往往显示在成就万物的仁爱之心中，隐藏在日常的运用之中，“道”能鼓动化育万物，但是，因为它是纯然客观的自然体，因此不像圣人一样有忧虑。由此可以看出，阴阳之“道”的盛美德行和宏大功业是多么的崇高和博大。富有万事万物就可以称作“大事业”，每日都能使事物有新的面貌，这就是“道”育万物的盛大美德。

三 《诗经》：中国现存最早的一部诗歌总集

在中国古代文学史上，诗歌有着十分悠久的传统。远在两三千年以前，我国的诗歌就已经取得了十分辉煌的成就，其标志就是我国现存最早的一部诗歌总集——《诗经》。它收录了自西周初年至春秋中叶（约前 11 世纪—前 6 世纪）大约五百年间的诗歌作品。提起《诗经》，我们很容易想到的就是《论语》中记载的“过庭训”的故事。说的是有一次孔子独自站在堂上，他的儿子孔鲤快步从庭中走过，孔子问道：“学《诗》了吗？”孔鲤回答说：“没有。”孔子说：“不学《诗》，就不懂得怎么说话。”孔鲤回去就开始学《诗》。可见，在以孔子为代表的儒家学者眼中，《诗经》是一部举足轻重的作品。

最初的称呼是什么

今天我们常说《诗经》，其实是后来的称呼，这部诗歌总集最早只称“诗”或“诗三百”（《诗经》共三百零五篇，称“诗三百”是取其大约数）。像《左传》《国语》引用《诗经》中的句子时，均作“诗曰”“诗云”，有时兼及国名如“郑诗曰”、“曹诗曰”或“周诗有之曰”

等。称“诗三百”，最著名的一句话就是《论语·为政》中孔子对《诗经》的评价：“诗三百，一言以蔽之，曰：‘思无邪。’”还有《墨子·公孟》说：“诵诗三百，弦诗三百，歌诗三百，舞诗三百。”

至于为什么要在“诗”的后面加“经”字，则与后世对此书的尊崇有关。最早尊《诗》为“经”的是战国时期儒家学者荀子，而《诗》正式被官方确认为“经”书，大约是在汉武帝“罢黜百家，独尊儒术”以后。据记载，武帝建元五年（前136）设置“五经”博士，《白虎通义·五经》说：“五经何谓？《易》《尚书》《诗》《礼》《春秋》也。”于是逐渐就有了《诗经》这一称呼。

结集的过程

《诗经》中的诗歌从创作年代上说包括上下五六百年的时间，产生地域又非常广泛，那么我们不禁要问，这些诗歌是怎么收集到一起的呢？关于这一问题，一般认为主要有两种方式。

一种是采诗。《汉书·食货志》记述说：“孟春之月，群居者将散，行人振木铎徇于路，以采诗，献之大师，比其音律，以闻于天子。”意思是，每年春季来临时，集居的人群到田野劳作，这时就有叫做“行人”的采诗官，敲着木铎在路上巡游，把民间传唱的歌谣采集起来，然后向上献给朝廷的乐官（大师），乐官配好音律，唱给天子听。采诗的目的是什么呢？就是“王者所以观风俗，知得失，自考正也”（《汉书·艺文志》），即便于周王了解民情，知道为政的得失，以便省察自己。古代交通不发达，如果不是由官府设置采诗官收集诗歌，其他方式恐怕难以完成这项时代绵长、地域广阔的诗歌采集工作。因此，采诗一说有其合理性。

另一种是献诗。采诗主要收集的是地方的民谣，而《诗经》中还有颂诗和贵族所作的诗，这是采诗官们无法采集到的，这些诗大多是通过“献诗”的渠道汇集到周王朝。《国语·周语上》记载说：“故天子听政，使公卿至于列士献诗，瞽献曲，史献书。”另外，从《诗经》中的一些作品看，“献诗”也是存在的。如，《小雅·节南山》说“家父（周幽王时大夫）作诵，以究王讻”，证明了公卿士大夫确实献过讽谏诗。至于那些专门用于祭祖的“颂”诗，则是掌管祭祀的人奉命创作的，因而朝廷能够直接得到。

《诗经》是孔子删定的吗

可以想见，通过各种渠道汇集起来的诗歌作品是很多的，但现在我们看到的通行本《诗经》只有三百零五篇，是谁做了删汰工作呢?

古代人的看法是孔子删诗。最早说到这件事的是西汉的司马迁，他在《史记·孔子世家》中说:“古者《诗》三千余篇，及至孔子，去其重，取可施于礼义,……三百五篇孔子皆弦歌之，以求合《韶》《武》《雅》《颂》之音。”就是说孔子把流传下来的三千余篇诗歌做了选编，把那些重复的和于礼义标准不合的都删掉了，剩下三百零五篇。但有人对这个说法提出了质疑，理由是《左传》襄公二十九年记载，吴公子季札到鲁国观周礼，鲁国乐师为他演奏了十五国风和雅、颂各部分的乐歌，其编排顺序和流传至今的《诗经》大体相同，而那时孔子还不到十岁，怎么做删诗的工作呢?《论语·子罕》中说孔子“自卫反鲁，然后乐正,《雅》《颂》各得其所”，看来孔子曾为《诗经》做过正乐，就是纠正曲调的错误，这应该是可能的。另外，孔子和他的弟子也没有说过“孔子删诗”这件事。因此，现代学者多认为

《诗经》并非孔子编订的，通行的观点是删汰、编订的工作是由周王朝的乐师、乐工们完成的。他们既是当时诗歌的搜集者、保存者，又是乐歌的演唱者。出于工作的需要，他们对汇集起来的诗篇加以编辑，是合乎情理的。当然，这个过程非一人一时之功。

《诗经》中的“六义”

谈《诗经》，就要提到所谓的“六义”，即风、雅、颂和赋、比、兴。

风、雅、颂是《诗经》的分类，即《诗经》这部书是按照风、雅、颂三部分编排的。至于为什么要这样划分，古今学者有不同的解释，有的认为与诗的内容和用途有关，有的认为与诗的来源和作用有关。目前，为大多数学者所接受的观点是：这种编排和分类，主要是按照音乐的特点划分的。因为《诗经》中的诗篇当初都是乐歌，是配乐歌唱的，它们在曲调上的特点不同，因而有了这样的分类。后来，乐谱失传了，仅仅留下了歌词，也就是说，今天我们看到的《诗经》在某种意义上说是一部歌词集。

《诗经》中的“风”，又叫“国风”，是当时诸侯国所辖各地的乐曲，实际就是相对于当时周天子的京城而言的各地方的土乐，犹如我们现在所说的地方民歌、地方小调。它包括《周南》《召南》《邶》《鄘》《卫》《王》《郑》《齐》《魏》《唐》《秦》《陈》《桧》《曹》《豳》十五部分，共收诗一百六十篇。这十五“国风”所标的名称，有的是当时诸侯国的名称，有的则是地域名，如《周南》《召南》（又称“二南”），分别是指周公掌管的南方地区和召公掌管的南方地区。根据这十五“国风”的名称以及诗的内容，我们大致可以推断出这些诗的产生地相当于现在的陕西、山西、河南、河北、山东和湖北北部，应该说地域是相当广阔的。

《诗经》中的“雅”，是周人所谓的“正声雅乐”，是相对于地方乐而言的，因为这些诗大多产生于西周、东周的都城地区。周天子把王城附近的乐曲称为正乐，这是出于当时尊王的思想。“雅”又分为“小雅”和“大雅”，这大概与它们产生的时代有关。“小雅”中的诗时代比“大雅”晚，风格更接近“国风”，它已不同于旧的雅乐，因此有了大、小雅的区分。“小雅”共七十四篇，大部分是贵族宴享时的乐歌，也有一部分民间歌谣；“大雅”共三十一篇，是诸侯朝会时的乐歌。

《诗经》中的“颂”是朝廷和贵族宗庙祭祀的乐歌，分为《周颂》《鲁颂》《商颂》。《周颂》三十一篇，是西周初年祭祀宗庙的舞曲歌词，产生地在今陕西西安。《鲁颂》四篇，是鲁国贵族祭祀宗庙的乐歌，产生地在今山东曲阜。《商颂》五篇，是宋国贵族祭祀其祖先商王的颂歌，产生地在今河南商丘。

风、雅、颂是《诗经》的一种类别区分，赋、比、兴则是《诗经》的三种表现手法。关于赋、比、兴的解释，众说纷纭，一般以朱熹的说法最为简明通用："赋者，敷陈其事而直言之也。""比者，以彼物比此物也。""兴者，先言他物以引起所咏之辞也。"(《诗集传》)也就是说，“赋”是铺陈直叙；“比”是打比方、用比喻；“兴”复杂一些，主要意思是外界事物触动了诗人的兴致，引发诗人歌唱，因此“兴”多数用在诗歌的开端。在运用上，“赋”比较适合叙事，“雅”和“颂”中的一些史诗以及“国风”中叙事色彩较重的诗多采用赋法。如，《周颂·良耜》叙述了农民耕作的全过程，《豳风·七月》则叙述农民一年的劳动生活。“比”和“兴”比较适合抒情，《诗经》中的一些诗甚至整首都采用比的手法，被称为比体诗，如《魏风·硕鼠》《豳风·鸱鸮》等。

需要指出的是，赋、比、兴三种表现手法，在《诗经》中的运用并没有固定不变。三种手法有时单用，有时交互使用。有的诗是赋中有比，有的诗是比中兼兴。通观《诗经》，可以看出当时人对赋、比、兴手法的运用已相当娴熟。这对中国古典诗歌的发展有着持续而深远的影响。

《诗经》的流传和内容

《诗》编成后，开始广泛流传。到了汉代，《诗》被尊为“经”，传习的人更是多了起来，相传有鲁、齐、韩、毛四家。《鲁诗》出于鲁人申公，他是汉文帝时的博士。《齐诗》出于齐人辕固生，他是汉景帝时的博士。《韩诗》出于燕人韩婴，他是汉文帝时的博士。《毛诗》出于毛亨和毛苌，毛亨曾为河间献王的博士。东汉以后，《毛诗》盛行，鲁、齐、韩三家诗逐渐衰亡，后来其书也亡佚了。《毛诗》在后世流传最广、影响也最大，很多学者为其作注，最有名的是汉代经学大师郑玄作的“笺”。到了唐代，孔颖达作《毛诗正义》，将唐以前关于《毛诗》的各家学说汇集到一起，成了《毛诗》的集大成之作。宋代理学家朱熹又作《诗集传》，成为士子考取功名的必读书。现在我们读到的《诗经》就是《毛诗》。

今本《诗经》的篇目为三百一十一篇，但《小雅》中的《南陔》《白华》《华黍》《由庚》《崇丘》《由仪》六篇，只存下了篇目名而没有内容，因此实际存诗共三百零五篇。这三百零五篇以外，被编余的诗称“逸诗”，现存的“逸诗”多为零散的词句，散见于子书、《左传》、《国语》等书中。

至于《诗经》中各篇的作者，绝大多数已经不可考证。因为民歌多属于民间创作，最初由一个或几个人唱出，随着流传又不断被加工、修改，采诗官也无法准确得知诗的作者，而只记录下了诗的内容。至于卿大夫的作品，也没有署名。只有个别的诗作，因为有特殊的记载，又参考诗的内容，可以对诗的作者进行确认，比如《鄘风·载驰》是由许穆夫人所作，这应该是可以肯定的。

《诗经》的内容非常丰富，有的写政治、农事、狩猎、行役、战争、宴饮、祭祀、歌舞，有的写爱情、婚姻、民俗，形象生动、美妙动人，真实描绘了西周至春秋中期那段历史时期人们的生活状况及社会风貌。

具体而言，有比较全面反映当时农业生产劳动的诗篇，比如《豳风·七月》。此诗以“七月流火，九月授衣”开端，生动具体地记述了劳动者一年四季的生活。正月开始修整农具，寒冬未退的二月下田劳作，接着采桑养蚕、纺织、染帛、筑场、收获、打猎、修屋、造酒、凿冰，然后杀羊祭祀，准备过年。这些劳动按季节依次进行，描绘了一幅古代农桑生产和民间习俗的生动画卷，体现了中国劳动人民勤劳朴实的民风。又如，《周南·芣苢》描写了妇女们在田野采集的情景。

有体现民众生活艰辛，统治者对百姓横征暴敛的诗篇，如《魏风·伐檀》。诗中指责统治者不事农业生产，却粮食满仓，这些“收获”从何而来，也就可想而知了。又如，《魏风·硕鼠》把统治者比喻成贪吃的大老鼠，养肥了自己，却不顾百姓的死活，因而百姓发誓要离开他们。这意味着统治者失去了民心。

有描写繁重的徭役和兵役给百姓带来深重灾难的诗，如《唐风·鸨羽》。诗中描写公差没完没了，归家无期，土地无人种，父母无法赡养，诗人感到十分痛苦。又如，《豳风·东山》写戍卒在外的悲哀和归家途中的百感交集。伴随着徭役、兵役的繁重，士兵厌战思乡，妻子怀念出征的丈夫，于是就有了《卫风·伯兮》描写女子因思念丈夫，无心梳洗、相思成病的诗。

有怨刺诗。所谓怨刺，就是讽喻，诗中揭露了君昏臣佞、政治弊端、社会问题。这应该是一些富有正义感、对国家命运比较关心或不得志的文人、官员的作品。其代表作有“大雅”中的《桑柔》《民劳》《板》《荡》等,“小雅”中的《正月》《十月之交》等。像《大雅·桑柔》这首诗，是周厉王时期的作品，相传作者是周贵族芮良夫。诗的开始以桑树为喻，说周朝建国之初，根深叶茂，何等兴盛；现如今君王无道，奸臣当权，人民受难。于是发出了“於乎有哀，国步斯频”的哀叹，意思是如果这样下去，国家就要亡了。

有反映周部族发展的史诗，如“大雅”中的《文王》《大明》《绵》《生民》《公刘》等，详细记述了周族祖先创业发展的艰难。有的还带些神话色彩，虽然篇幅较长，但读来不觉枯燥。

有具有时代特点的祭祀诗。祭神颂神是当时社会的普遍信仰和活动,《诗经》中的“颂”主要就是反映祭祀的诗。这些诗，或歌颂祖先，或祈求降福，或歌颂功德，思想价值不是很高。

有描绘爱情和婚姻的诗。这些诗，有的写出了爱情的欢乐，有的诉说了相思之苦，有的则反映了妇女被遗弃后的悲惨。如《诗经》中的第一篇《关雎》就是一首情歌，写一个青年追求“窈窕淑女”而不得的焦虑和痛苦。《郑风·溱洧》则真实地再现了男女相会、自由定情的场景。

《诗经》中反映的自立自强自信

今人往往用文学的眼光看《诗经》，但在周代，《诗》的用途却很广，除了典礼、娱乐和讽谏等作用，它还用于外交场合，即作为表达情义、美化辞令的工具，这就是“赋诗言志”。儒家主张出仕，因此孔子才有“不学《诗》，无以言”的教诲。对于《诗》，孔子还说过：“小子何莫学夫《诗》？《诗》，可以兴，可以观，可以群，可以怨。迩之事父，远之事君；多识于鸟兽草木之名。”（《论语·阳货》）

如今，在实现中华民族伟大复兴和构建社会主义和谐社会的历史进程中，我们重新审视和阅读《诗经》，同样具有启发意义。

首先,《诗经》中蕴含着深厚的爱国情感和浓郁的友爱亲情，这是中华民族凝聚力的根本。像《鄘风·载驰》抒写了许穆夫人的爱国之情,《秦风·无衣》则是战士在国家面临强敌压境时唱出的保家卫国的战歌。此外,《小雅·蓼莪》“哀哀父母，生我劬劳”体现了父母之爱;《小雅·常棣》“凡今之人，莫如兄弟”体现了兄弟之情;《秦风·渭阳》“我送舅氏”,《齐风·猗嗟》“展我甥兮”体现了舅甥之爱;《小雅·伐木》“嘤其鸣矣，求其友声”体现了朋友之情;《小雅·常棣》“妻子好合，如鼓瑟琴”体现了和睦温馨的爱情。《诗经》中的爱国情感和友爱亲情，超越了时代局限，已经升华、融合为中华民族的优良传统。随着时代的变迁，其具体内容虽然发生了变化，但以重亲重孝、爱国爱家为核心的中华民族伦理道德却没有改变，这也是中华民族千百年来生生不息的源泉和动力。

其次,《诗经》中表现的忧国忧民的忧患意识，是中华民族自强力的基石。无论古人还是今人，都强调居安思危，强调集体意识。《诗经》中的忧患意识主要体现在关心国事、抨击弊政、忧国忧民的情感上，是有识之士关注周室命运、民众苦难以及忠贞爱国的崇高品质的体现。《王风·黍离》反复哀叹“知我者，谓我心忧；不知我者，谓我何求。悠悠苍天，此何人哉？”另外，“小雅”中的《北山》《节南山》《十月之交》《雨无正》《巧言》等篇，从各个方面表达了诗人们的正直以及强烈的社会责任感。

最后，《诗经》中呈现的以“中和”为美的观念，是中华民族和谐思想与亲和力的体现。《诗经》中有许多描绘农业生产的诗，由于当时农业生产对大自然的依赖，形成了天人合一的文化心态。这种心态通过诗歌表达出来，即农业社会人们效法大自然和谐的节奏秩序而产生“中和”的思想观念。正是如此，后人认为这些诗作体现了“温柔敦厚”的美学观念，恪守了“中和”的原则，达到了“乐而不淫，哀而不伤”的境界，更展现了人与自然、人与社会、人与人之间和谐融洽的关系。

今天怎样读《诗经》

《诗经》是产生于两千多年以前的作品，由于时代久远、背景复杂、文字艰深、涉及的文化知识面广，对于今天的一般读者来说，阅读和理解起来可能会有不少困难。北京大学教授、著名学者褚斌杰先生在多年研究《诗经》的基础上，认为初学者和一般文学爱好者不妨首先读选本。《诗经》全书三百零五篇，从历史价值和文学价值来看，不是同等重要的。一般选本，对其做了遴选，一些贴近生活、艺术性强、具有代表性的作品，大致都包括在内；而且带有注释，有的还附有今译，有的对作品还附有点明诗歌背景、主旨的解题。但在阅读中还要注意三点。

一是这些选本只代表不同选者的眼光，所以从选篇到注解不完全相同。在这种情况下，不妨以一本公认较好的选本为主（如余冠英的《诗经选》），然后再参考其他的选本、读本，以免为一家所囿。

二是所附今译对初学者是有帮助的，因为《诗经》作品的难读，除难字、难词以外，还有对诗句、篇章意思的领会问题。初学者对照现代汉语的今译来读，无疑帮助很大。但今译只可作为阅读时的参考，绝不可代替阅读原诗。先不说译文水平的高低，即使再好的译文也只能传达其意，而难传达其韵味。因为文学是语言的艺术、时代的产物，离开原作者时代所用的语言，无形中就丧失了它的风格和品味，模糊了作者的个性，而这对于文艺作品来说，又是绝不容丧失的。

三是对于《诗经》作品，不要止于一般的理解和阅读，最好还要熟读兼之以吟咏。特别是《诗经》中的一些民歌作品，它本是口头传唱的，其篇章结构、语言运用、语言节奏、抒情手法，均与音乐有关。如今乐调已失，变成了书面文学。为了把握它的艺术真谛，体味它的风格神韵，不妨通过吟咏来增强领会。关于这一点，古人也有所认识。如朱熹就发表过这样的意见，他认为诗本“性情”，通过“熟读”，是领会《诗》中本义、性情以至艺术魅力的途径。他说：“读《诗》正在于吟咏讽诵，观其委曲折旋之意，如吾自作此诗，自然足以感发善心。”“须是读熟了，文义都晓得了，涵泳读取百来遍，方见得那好处，那好处方出，方见得精怪[①]。”（《朱子语类》卷八十）

近些年出版的一些关于《诗经》名篇鉴赏的书，以及好的鉴赏文，既解诗又重审美，即从艺术上剖析其特点和成就，正可以补一般文学史和注释本在这方面的不

① 精怪：指文章高超、新奇处。

足，对于初学者如何理解《诗经》作品，领会其艺术特征，起到了桥梁的作用。

经典诵读：《诗经》选读

硕鼠硕鼠，无食我黍！三岁贯女，莫我肯顾。逝将去女，适彼乐土。乐土乐土，爰得我所。

硕鼠硕鼠，无食我麦！三岁贯女，莫我肯德。逝将去女，适彼乐国。乐国乐国，爰得我直。

硕鼠硕鼠，无食我苗！三岁贯女，莫我肯劳。逝将去女，适彼乐郊。乐郊乐郊，谁之永号？

（《诗经·魏风·硕鼠》）

大老鼠啊大老鼠，不要偷吃我的黍！多年辛苦养活你，我的死活你不顾。我发誓要离开你，去那理想的乐土。乐土乐土真美好，那是安居好去处。

大老鼠啊大老鼠，不要偷吃我的麦！多年辛苦养活你，不闻不问不感谢。我发誓要离开你，到那理想安乐地。安乐地啊安乐地，劳动所得归自己。

大老鼠啊大老鼠，不要偷吃我的苗！多年辛苦养活你，没日没夜谁慰劳。发誓从此离开你，到那理想的乐郊。乐郊乐郊真美好，谁还叹气长呼号？

常棣之华，鄂不韡韡。凡今之人，莫如兄弟。
死丧之威，兄弟孔怀。原隰裒矣，兄弟求矣。
脊令在原，兄弟急难。每有良朋，况也永叹。
兄弟阋于墙，外御其务。每有良朋，烝也无戎。
丧乱既平，既安且宁。虽有兄弟，不如友生。
傧尔笾豆，饮酒之饫。兄弟既具，和乐且孺。
妻子好合，如鼓瑟琴。兄弟既翕，和乐且湛。
宜尔室家，乐尔妻帑。是究是图，亶其然乎！
（《诗经·小雅·常棣》）

棠棣之花真鲜艳，花萼花蒂紧相连。你看如今世上人，没人能比兄弟亲。

生老病死最可怕，只有兄弟最关心。聚土成坟在荒原，只有兄弟来相寻。

鹡鸰飞落在高原，兄弟急忙来救难。虽然有些好朋友，你遭难时只长叹。

兄弟在家虽争吵，外侮面前定携手。虽然也有好朋友，时间久了也难助。

丧乱之事既平定，日子平安又宁静。这时虽有亲兄弟，朋友表现更热情。

杯子盘子摆上来，又是饮酒又吃菜。兄弟团聚在一起，和和乐乐多亲爱。

夫唱妇随妻子好，琴瑟和鸣同到老。兄弟感情也融洽，全家团聚乐陶陶。

家庭和乐多兴旺，妻子儿女喜洋洋。精打细算多商量，道理确实是这样。

四 《左传》：我国第一部成熟的编年体史书

《春秋》与"《春秋》三传"

《春秋》本是先秦时期各国史书的通称，它以编年体的形式记载历史大事。《墨子·明鬼下》就有"著在周之《春秋》""著在燕之《春秋》""著在宋之《春秋》""著在齐之《春秋》"等语。《隋书·李德林传》和唐刘知幾《史通·六家》也都提及墨子说过"吾见百国《春秋》"。而《孟子·离娄下》又说："晋之《乘》，楚之《梼杌》，鲁之《春秋》，一也。其事则齐桓、晋文，其文则史。"大概《乘》和《梼杌》是晋、楚两国史书的特有名称，其他国家的史书则都称为《春秋》。

可惜的是，这些国家的史书大多都已亡佚，只有鲁国的《春秋》保存了下来，因此后人称《春秋》，指的就是《鲁春秋》。

从《春秋》原文来看，它是一部颇为简略的大事记，按照鲁国隐、桓、庄、闵、僖、文、宣、成、襄、昭、定、哀十二公的顺序来记载历史大事。时间是从鲁隐公元年（前 722）开始，到鲁哀公十四年（前 481）为止，共二百四十二年。其内容以鲁国为主，兼及周王室和其他诸侯国。

相传《春秋》是孔子所作，其实不然。《春秋》的作者是鲁国历代的史官。史官的设置，最早开始于何时，已很难考证。但《周礼·春官》中就记载周代有“大史”“小史”“内史”“外史”等史官名称;《礼记·玉藻》也说古代的天子，“动则左史书之，言则右史书之”。可见，在周代，史官制度就已经比较完备了。那么,《春秋》究竟和孔子有没有关系呢？答案是肯定的。一般认为，孔子对《春秋》做了整理和修订。像《史记·孔子世家》就说孔子“乃因史记作《春秋》，上至隐公，下讫哀公十四年，十二公”，正是由于孔子的编订，后世儒家学者把《春秋》尊奉为“经”，列入“五经”之中，称为《春秋经》。

《春秋》的记事极为简略，每记一事只用寥寥数语。如“隐公元年”云：“春，王正月。三月，公及邾仪父盟于蔑。夏，五月，郑伯克段于鄢。……”这种文字大概是写给当时的鲁国国君和执政大臣们看的，因为这些事他们都亲身经历，所以只要记下时间和事件梗概即可，类似于备忘录的性质。然而，后世之人读了这些文字会感到茫然。为了更好地明白文字背后的具体故事，就必须借助“传”。“传”就是解释“经”的文字。

根据《汉书·艺文志》记载，当时能够见到的为《春秋》作“传”的有五家：《邹氏传》、《夹氏传》、《左氏传》(即《左传》)、《公羊传》、《穀梁传》。后来，《邹氏传》和《夹氏传》亡佚了；只剩下《左氏传》《公羊传》《穀梁传》，被称为“《春秋》三传”。“《春秋》三传”中又以《左氏传》影响最大。直到今天，我们读《春秋》，仍以《左氏传》为最基本、最常用的书籍。

作者是左丘明吗

关于《左传》的作者，大多认为是和孔子同时代的鲁国人左丘明。书名中的“左”指的就是左丘明这个人。像《史记·十二诸侯年表序》就说：孔子编《春秋》之后，“七十子之徒口授其传指”。“鲁君子左丘明惧弟子人人异端，各安其意，失其真，故因孔子史记具论其语，成《左氏春秋》。”《左氏春秋》就是《左传》。《汉书·艺文志》也说：“丘明恐弟子各安其意，以失其真，故论本事而作传，明夫子不以空言说经也。”然而，唐代以后开始有人怀疑这一说法。此后，持怀疑者代不乏人。

从《左传》一书来看，此书应该不是左丘明一人完成的。因为《左传》叙事止于鲁哀公二十七年（前468），甚至提到了鲁悼公十四年（前454）韩、赵、魏三家灭智氏的事，距孔子去世二十五年，孔子去世时年七十二，那么，此时左丘明当在百岁以上，似难说通。关于这一点，清代姚鼐说得很有道理："左氏之书，非出一人所成。自左氏丘明作《传》，以授曾申，申传吴起，起传其子期，期传楚人铎椒，椒传赵人虞卿，虞卿传荀卿，盖后人屡有附益。"[①]因此，较为合理的说法是，《左传》是由左丘明及其门人、后学共同完成的，大约成书于战国初年。

《左传》的特点

《左传》一书记载了从鲁隐公元年（前722）到鲁哀公二十七年（前468），共十二代国君、二百五十五年的历史，比《春秋》多出十三年。此书补充并丰富了《春秋》的内容，不但记鲁国的史实，还兼记各国历史；不

① 徐世昌编纂：《清儒学案》，中华书局2008年版，第3487页。

但记政治大事，还广泛涉及社会各个领域的“小事”，从而详细地反映了春秋时期各国政治、经济、军事、外交、文化、风俗的历史面貌和各方面代表人物的活动，描绘出一幅春秋时代的历史画卷。它还一改《春秋》流水账式的记史方法，代之以有系统、有组织的史书编纂方法；不但记春秋史实，而且还征引了许多古代史实。这大大提高了《左传》的史料价值。

著名学者杨伯峻对《左传》解释《春秋》的方式有如下结论：一是引《春秋》原文作说明，如《春秋》隐公元年“春，王正月”句，《左传》说“元年，春，王周正月，不书即位，摄也”。二是用事实补充甚至说明《春秋》，如鲁隐公被杀，《春秋》只写“公薨”二字，《左传》却详细记载了隐公被杀的经过。三是订正《春秋》的错讹，如襄公二十七年《春秋》载“十二月乙亥朔，日有食之”，《左传》订为“十一月乙亥朔，日有食之”。四是《左传》有时把几条相关的经文，合并成一传。五是《春秋》不载的，《左传》也加以补充记载。

正如钱穆先生所说：“《左传》是一部史学上更进一步的编年史，孔子《春秋》只是开拓者，《左传》才是编年史的正式完成。”（《中国史学名著》）

《左传》中的重国重民重德思想

第一,《左传》中体现着重民的思想。

春秋战国时期，执政者和进步的思想家从现实的生活和斗争中，认识到了人民的重要作用，认识到要想国家强大就必须重视人民。同时，一些小国的国君面对激烈的竞争和在夹缝中求生存的状态，也感到必须关注民生，为国必先为民。

晋文公曾在外流亡近二十年的时间，饱尝世态炎凉的他积累了不少人生和政治经验，其中关键一点就是听取了大臣子犯的建议，关注民生。他让百姓安居乐业，政策务在利民，逐渐使百姓在物质上富裕充足，在道德上知义明信，在行动上守礼有纪，并最终赢得了民心，结果城濮之战，一战而霸。

相反，一个不关注百姓生活和利益的君主，不管他的国家是大还是小，都会招致人们的谴责，也难逃亡国的命运。像子产对陈国的预言："六月，郑子产如陈莅盟。归，复命。告大夫曰：'陈，亡国也，不可与也。聚禾粟，缮城郭，恃此二者，而不抚其民。'"（襄公三十年）子产说陈国要亡，原因就是它"不抚其民"。果然不出子产所料，陈国终被楚国所灭。

第二，《左传》中蕴含着重视人才的思想。

春秋战国时期，是一个大动荡、大变革的时期。这就使一些敏锐的政治家感到人才是社稷之本。《左传》中对春秋霸主的描写有着一个共同点，那就是表现了他们对人才的重视，把人才战略当成国家发展的根本战略。

春秋第一位霸主齐桓公，不计前嫌而任用管仲。《史记·齐太公世家》中就说：“桓公既得管仲，与鲍叔、隰朋、高傒修齐国政，连五家之兵，设轻重鱼盐之利，以赡贫穷，禄贤能，齐人皆说。”管仲对齐桓公提出“尊王攘夷”的策略，为桓公所采纳，于是齐人先后采取了伐戎（庄公二十年）、伐戎救燕（庄公三十年）、御狄存邢（闵公元年）、伐狄救卫（闵公二年）、逐狄迁邢（僖公元年）等多次军事行动，从而维护了中原诸侯的利益，保卫了中原地区的经济和文化，也相应地巩固了齐国的霸主地位。在对待其他中原诸侯国的问题上，管仲建议“招携以礼，怀远以德”（僖公七年），齐桓公于是以“礼”和“德”为准则来处理这种关系，赢得了各诸侯国的尊重。可以说，齐桓公称霸和稳固霸主地位的过程，就是他善用人才的过程。所以，叔向说：“齐桓，卫姬之子也，有宠于僖。有鲍叔牙、宾须无、隰朋以为辅佐，有莒、卫以为外主，有国、高以为内主，从善如流，下善齐肃，不藏贿，不从欲，施舍不倦，求善不厌，是以有国，不亦宜乎？”（昭公十三年）这是对齐桓公用人之道给予的肯定评价。

春秋五霸之一的秦穆公也同样重视人才。鲁僖公三十三年，秦晋殽之战，孟明视、西乞术、白乙丙三位将帅被俘，秦穆公素服到郊外，哭着说：“孤违蹇叔，以辱二三子，孤之罪也。不替孟明，孤之过也。”后来，秦国大夫和左右官员都对秦穆公说：“这次战役失败，是孟明视的罪过，一定得杀了他。”秦穆公答道：“是我的罪过啊！”他不但没有杀孟明视，还让其继续执掌军政，这充分表明作为国君的秦穆公对人才的信任。有了这样的鼓励和支持，孟明视总结失败的教训，变得更加成熟，不再盲目仓促用兵。最终秦军打败晋军，秦穆公成为西戎的霸主。于是《左传》评价道：“君子是以知秦穆公之为君也，举人之周也，与人之壹也。”（文公三年）这是认为秦穆公能全面认识、评价人才，不因错误而将人才否定。

第三，《左传》中体现着“和谐”的思想。

中国自古以来就重视和追求“和谐”之道。《左传》昭公二十年中晏子和齐景公的一段对话就是典型例子。晏子继承了“和实生物，同则不继”的思想，从物质生活、精神生活、政治生活三个方面对“和”进行了论述，认为“和”既是一种境界，也是我们处理事务时应当遵循的原则。《左传》重视“和”，更体现在政治方面。像秦晋韩原之战后，秦穆公就问晋国使者说：“晋国和乎？”即用“和”来判断对方国家安定与否。又如，定公九年，阳虎请师伐鲁，齐国国君准备答应这一要求，大臣鲍文子却说：“鲁未可取也，上下犹和，众庶犹睦。”可见，国家内部的和谐、百姓的齐心是一股强大的力量，可以凝聚人心、抵御外侮。

第四，《左传》中有对中华传统美德的宣扬。

首先是亲情。注重亲情是自古以来做人的基本修养，《左传》隐公元年就借君子之口说：“颍考叔，纯孝也，爱其母，施及庄公。”孝，作为重亲情的一个重要因素，是每一个人都应该有的美德。《左传》隐公三年，卫国大臣石碏提出“六顺”说，即“君义臣行，父慈子孝，兄爱弟敬”。父子、兄弟乃至君臣，都是亲情。亲情关系的和睦，是建立和谐社会的基础。

其次是守信。孔子教育弟子时特别强调“信”,《左传》中也多次提到“信”,并且用“信以守礼,礼以庇身,信、礼之亡,欲免,得乎?”(成公十五年)来说明“信”和“礼”之间的关系。《左传》中还提出“信”应发自内心,即“信不由中,质无益也”(隐公三年),还说“失信不立”(成公八年),“作大事不以信,未尝可也”(昭公六年),等等。此外,书中还用大量事实说明守信的重要性。如晋国围原,三日不下的时候,晋文公就说:“信,国之宝也,民之所庇也。”(僖公二十五年)他把“信”当作根本的道德标准,结果“退一舍而原降”。

最后是对善行的赞美。《左传》襄公三年记载有“祁奚荐贤”的例子,君子评价说:“祁奚于是能举善矣。称其仇,不为谄。立其子,不为比。举其偏,不为党。《商书》曰:‘无偏无党,王道荡荡。’其祁奚之谓矣!解狐得举,祁午得位,伯华得官,建一官而三物成,能举善也夫!惟善,故能举其类。”同样,昭公二十八年,魏舒举贤时,书中评价说:“夫举无他,唯善所在,亲疏一也。”在褒扬善行的同时,书中对恶行则予以揭露和批评。如隐公六年,陈国国君因看不起郑国又不讲外交策略而被郑国打败,于是君子评价道:“善不可失,恶不可长，其陈桓公之谓乎！……《商书》曰：‘恶之易也，如火之燎于原，不可乡迩，其犹可扑灭。’周任有言曰：‘为国家者，见恶，如农夫之务去草焉，芟夷蕴崇之，绝其本根，勿使能殖，则善者信矣。’”

第五，《左传》中体现着爱国的精神。

《左传》定公四年记载吴楚“柏举之战”后，楚臣申包胥为了挽救国家的危亡，入秦求救。面对秦人的推辞，他“立依于庭墙而哭，日夜不绝声，勺饮不入口，七日”。秦哀公被他爱国的诚心所打动，为之赋《无衣》，并出兵相救。时至今日，京剧《哭秦庭》仍在舞台上频频上演。

鲁哀公十一年，当孔子得知汪锜为国捐躯时说：“能执干戈以卫社稷，可无殇也。”当他知道冉有奋勇拼搏、保卫国家时，赞叹道：“义也。”在中国古代，当国家命运遭受危难时，很多人毫不犹豫地选择了以国为先，这种以国家和大局为重的观念和行为，影响着中华民族的每一代人。

经典诵读：《左传》选读

冬，齐仲孙湫来省难。书曰“仲孙”，亦嘉之也。仲孙归曰：“不去庆父，鲁难未已。”公曰：“若之何而去之？”对曰：“难不已，将自毙，君其待之。”公曰：“鲁可取乎？”对曰：“不可，犹秉周礼。周礼，所以本也。臣闻之，国将亡，本必先颠，而后枝叶从之。鲁不弃周礼，未可动也。君其务宁鲁难而亲之。亲有礼，因重固，间携贰，覆昏乱，霸王之器也。”（《左传·闵公元年》）

冬季，齐国的仲孙湫前来对祸难表示慰问。《春秋》称之为“仲孙”，也是对他表示赞美。仲孙回国说：“不除掉庆父，鲁国的祸难没完没了。”齐桓公说：“怎么样才能除掉他呢？”仲孙回答说：“祸难不止，将会自取灭亡，您就等着瞧吧！”齐桓公说：“鲁国可以攻取吗？”仲孙说：“不行。他们还遵行周礼。周礼，是立国的根本。臣听说，国家将要灭亡，如同大树，躯干必然先行仆倒，然后枝叶随着落下。鲁国不抛弃周礼，是不能动它的。您应当从事于安定鲁国的祸难并且亲近它。亲近有礼仪的国家，依靠稳定坚固的国家，离间内部不和的国家，灭亡昏暗动乱的国家，这是称霸称王的策略。”

五 《论语》：记录孔子及其弟子言行的著作

2013 年 11 月，习近平同志到山东曲阜孔府考察。在孔子研究院，他看到了有关《论语》和《孔子家语》的两本书。在随后的座谈会上，习近平同志表示，中华民族有着源远流长的传统文化，也一定能创造中华文化新的辉煌。研究孔子和儒家思想要坚持历史唯物主义立场，坚持古为今用，去粗取精，去伪存真，因势利导，深化研究，使其在新的时代条件下发挥积极作用。

深深扎根于中华大地的孔子思想，影响着世世代代的中国人，成为中华民族一笔丰厚的精神财富，同时又以其强大的生命力逐步走向世界。今天，实现中华民族伟大复兴的强国梦，迫切需要从中汲取营养，激发全民族的道德心智。

那么，对于《论语》和《孔子家语》，我们究竟了解多少？作为领导干部又该如何读这两本书呢？

《论语》的“论”究竟怎么读

《论语》这本书应该读作 lúnyǔ，但有的人读成 lùnyǔ，将“论”字读成了“议论”的“论”音，为什么会读错呢？这要从“论”字的含义说起。

最早谈到《论语》书名含义的是汉朝班固的《汉书·艺文志》，其中说："《论语》者，孔子应答弟子、时人及弟子相与言而接闻于夫子之语也。当时弟子各有所记，夫子既卒，门人相与辑而论纂，故谓之《论语》。""论纂"一词，读作 lúnzuǎn，是编撰的意思。也就是说，《论语》这本书是孔子死后，其门生及再传弟子集录先师的言论编撰而成的。试问哪个弟子敢对先师孔子的言论擅发"议论"呢？所以，"论"不是评论、议论的意思。

许慎的《说文解字》："论者，仑之假借。"也就是说，"论"通"仑（lún）"。那么，"仑"是什么意思呢？"仑"繁体字写作"侖"，是个会意字。上半部分的"亼（jí）"同"集"，下半部分的"冊"即简册。"仑"这个字就是把众多的竹简按一定的次序编排在一起的意思，引申为编辑、编撰，与"论纂"之意相合。

由此看来，《论语》一书的正确读法应该是 lúnyǔ。

《论语》为什么不叫《孔子》

稍有留意之人会发现，先秦诸子的书往往以作者的名字命名，比如《孟子》《庄子》《韩非子》等。那么,《论语》为什么不叫《孔子》呢?

关于这个问题，现代学者赵纪彬先生提出了一个观点。他认为《论语》一书在先秦时就叫《孔子》，到了汉代才新创了《论语》这个书名。正是由于“论语”一名是汉代新创，所以当时人还不太习惯使用，仍沿用旧的名称，称为《孔子》。司马迁《史记·宋微子世家第八》有：“孔子称‘微子去之，箕子为之奴，比干谏而死……’”这一条见于《论语·微子》，是记事的语言，并非孔子本人说的话。刘向《说苑·建本》有：“孔子曰：‘君子务本，本立而道生。’”这一条见于《论语·学而》，是孔子弟子有子的话。类似的情况，赵纪彬先生举出了十九条之多，像司马迁、刘向这样的人，都是当时的博学之士，他们不可能错误地将记事之语和别人的话都当作孔子所说加以引用，最合理的解释就是“孔子曰”“孔子称”中的“孔子”是书名。

《论语》一书初名《孔子》，到了汉代才改称《论语》，这一观点似乎不为人们所熟知，也没有形成定论。但是，这一看法值得重视，它是关于《论语》书名变化的一种比较有说服力的说法。

“半部《论语》治天下”

“半部《论语》治天下”是一句流传很广的话，常与《论语》的意义相伴而行。那么，这句话出自谁之口？《论语》这本书真有如此大的作用吗？

“我听说你一生所读只有《论语》这部书，果真如此吗？”

面对宋太宗的问话，宰相赵普实情相告：“臣平生所知，诚不出此。昔以其半辅太祖定天下，今欲以其半辅陛下致太平。”

这段君臣对话出自南宋罗大经的笔记《鹤林玉露》，后人据此衍生出“半部《论语》治天下”出自赵普之口。

然而，赵普真说过“半部《论语》治天下”吗？不少学者提出了质疑。他们认为这种“惊世骇俗”的事情，在正史中理应提及。然而，据《宋史·赵普传》记载：“（赵）普少习吏事，寡学术，及为相，太祖常劝以读书。晚年手不释卷，每归私第，阖户启箧取书，读之竟日。及次日临政，处决如流。既薨，家人发箧视之，则《论语》二十篇也。”这说明赵普在晚年才手不释卷地读《论语》。罗大经笔下所写的“昔以其半辅太祖定天下”，根本不符合史实。可见，“半部《论语》治天下”出自赵普，并没有可信史料来佐证。这种说法很可能是后世学者为了宣扬儒家思想而杜撰出来的。

然而，不论“半部《论语》治天下”是不是赵普所说，若将其理解为赵普重视《论语》，并将其作为自己的从政思想，则是合理的。从《宋史》的记载来看，赵普晚年读《论语》后，其政事处理得非常顺利流畅。可见，《论语》在为政处事方面确实给了赵普以指导。

作为儒家的核心经典，《论语》从修身入手，为实现齐家、治国、平天下指出了一条根本又切实可行的道路。“半部《论语》治天下”这句稍显夸张的话，也并非毫无根据。

《论语》实现的文化输出

《论语》作为儒家经典，不仅对中国产生了巨大的影响，而且很早就传播到了海外。

由于地理毗邻、交通便利，《论语》在西汉时期便传入了朝鲜半岛。今天，韩国人仍然保留着儒家的风俗习惯以及思维方式。比如，韩国每年阴历二月和八月都要在首尔成均馆大学文庙大成殿举行释奠大祭。所谓“释奠大祭”就是追悼孔子及众多儒家圣贤的祭礼，是儒林最大的活动之一。

据日本史料记载，应神天皇十六年（285），百济（朝鲜半岛上的一个国家）人王仁东渡日本，带去了《论语》十卷、《千字文》一卷。《论语》由此正式登陆日本。天皇让太子拜王仁为师，这是日本人学习《论语》的开始。

明治维新以后，日本儒学开始向实用转化，但《论语》的重要地位仍然不减。上至天皇进讲，下到中学汉文教材，都时常选录《论语》，同时还出版了大量《论语》通俗化读物。

16 世纪，即明朝后期，意大利传教士利玛窦将“四书”粗略地翻译成拉丁文寄回意大利。这是儒家思想传入西方的开始，也为后世西方研究《论语》和孔子奠定了基础。

1687 年，比利时籍来华传教士柏应理在法国巴黎出版了由他和另外三位传教士编译的《中国哲学家孔子：用拉丁文解释中国人的智慧》，该书收录了《论语》《大学》《中庸》的拉丁文译本，这是《论语》最早的西文版本。四年后，该书被翻译成英文在伦敦出版，这是《论语》最早的英译本。

然而，这两个译本今天已经很难见到，更少有人使用了。当前使用的《论语》译本，无论是英文版还是其他语言版的，都是 19 世纪后问世的。

不得不承认，《论语》及孔子思想的西传，对西方世界产生了重大影响，特别是对欧洲的启蒙运动做出过重要贡献。

时至今日，《论语》及孔子学说对世界的影响仍有增无减。2013 年 7 月 17 日，“仁者之歌——感悟《论语》咏诵会”在联合国教科文组织巴黎总部举行。2013 年 12 月 7 日，第八届孔子学院大会在北京召开。据中国政府网报道，截至 2019 年底，我国已在 162 个国家（地区）建立了 550 所孔子学院和 1172 个中小学孔子课堂。

今天怎样读《论语》

《论语·颜渊篇》说：“政者，正也。子帅以正，孰敢不正？”《论语·子路篇》又说：“其身正，不令而行；其身不正，虽令不从。”这些话都是强调表率作用。“政”，首先就是“端正”，领导干部带头端正了，有谁还敢不端正呢？《论语》中的为官之德，就是我们常说的一句话：要求群众做到的，干部要首先做到；要求一般干部做到的，领导干部要首先做到。为政者只有端正自己，才能端正天下。

从政上，孔子主张“不在其位，不谋其政”（《论语·泰伯篇》），“君子思不出其位”（《论语·宪问》），还特别强调为政者要勤勉，不要懈怠。《论语·子路篇》中，子路问孔子怎样管理政事，孔子说：“先之，劳之。”就是先要给百姓带好头。子路请孔子再多讲一些，孔子说“无倦”，就是要勤于政事，不可懈怠。只有深怀爱民之心、恪守为民之职，不浮躁、不懈怠，才能造福百姓，这是从政之根本。

安民上，孔子不主张用政令、刑罚来管理百姓，因为这样做虽然可以使百姓免于犯罪，但却不能使他们知道犯罪是可耻的。《论语·为政篇》说：“道之以德，齐之以礼，有耻且格。”就是说用道德去教化百姓，用礼教来约束他们，百姓不但有了羞耻之心，而且能自己遵守规矩。这种道理，也就是今天所说的“以德治国”。

领导干部要善于做群众工作，用“德”去感化群众。

儒家政治理念“修身、齐家、治国、平天下”，首重修身。《论语·述而篇》说：“志于道，据于德，依于仁，游于艺。”强调做人要重视修养的全面发展。《论语·雍也篇》说：“人之生也直，罔之生也幸而免。”强调做人要正直磊落。《论语·季氏篇》说：“君子有三戒：少之时，血气未定，戒之在色；及其壮也，血气方刚，戒之在斗；及其老也，血气既衰，戒之在得。”强调做人要律己。俗话说“做官先做人”“身正不怕影子斜”，领导干部只有提高自身的素质和修养，才能实现和维护自己的公仆形象，从而更好地为社会和人民服务。

注本推介

自汉代以来，研究注释《论语》不乏其人。时至今日，《论语》注本已是汗牛充栋、不胜枚举。现根据读者的不同需求，略做推荐。

- 《论语》（中华经典藏书系列），中华书局 2006 年版，张燕婴译注。
- 《论语译注》（简体字本），中华书局 2017 年版，杨伯峻译注。

- 《论语正义》（全二册）（十三经清人注疏），中华书局 1990 年版，（清）刘宝楠撰。
- 《四书章句集注·论语集注》，（南宋）朱熹。

经典诵读：《论语》选读

曾子曰："吾日三省吾身，为人谋而不忠乎？与朋友交而不信乎？专不习乎？"（《论语·学而》）

曾子说："我每天数次自我反省，为别人办事是否尽心尽力了？与朋友交往是否真诚守信了？对老师传授的学业是否认真复习了？"

子曰："为政以德，譬如北辰，居其所而众星拱之。"（《论语·为政》）

孔子说："以德治国，当政者就会像北极星一样安居其位，而众星都环绕着它。"

子曰："参乎！吾道一以贯之。"曾子曰："唯。"子出，门人问曰："何谓也？"曾子曰："夫子之道，忠恕而已矣。"（《论语·里仁》）

孔子说："参啊！我的学说贯穿着一个基本原则。"曾子说："是的。"孔子出去后，其他学生问道："这是什么意思呢？"曾子说："老师的学说，就是忠恕两个字啊。"

子曰："知者乐水，仁者乐山。知者动，仁者静。知者乐，仁者寿。"（《论语·雍也》）

孔子说："智者喜欢水，仁者喜欢山。智者好动，仁者沉静。智者快乐，仁者长寿。"

子曰："三人行，必有我师焉。择其善者而从之，其不善者而改之。"（《论语·述而》）

孔子说："三人同行，其中一定有人可以做我的老师。我择取他们的优点而学习效法，看到他们的缺点而借鉴改正。"

颜渊问仁。子曰："克己复礼为仁。一日克己复礼，天下归仁焉。为仁由己，而由人乎哉？"颜渊曰："请问其目。"子曰："非礼勿视，非礼勿听，非礼勿言，非礼勿动。"颜渊曰："回虽不敏，请事斯语矣。"（《论语·颜渊》）

颜渊问仁。孔子说："约束自己而合于礼，这就是仁。只要有一天能做到约束自己而合于礼，天下之人就会称许你是仁人。实行仁德在于自己，哪在于别人啊？"颜渊说："请问行仁的具体条目。"孔子说："不合礼的不看，不合礼的不听，不合礼的不说，不合礼的不做。"颜渊说："我颜回虽然不聪敏，但让我照您说的去做吧。"

孔子曰："君子有九思：视思明，听思聪，色思温，貌思恭，言思忠，事思敬，疑思问，忿思难，见得思义。"（《论语·季氏》）

孔子说："君子有九种考虑，看的时候考虑是否看明白了，听的时候考虑是否听清楚了，对于脸色考虑是否温和，对于容貌考虑是否恭敬，对于言谈考虑是否忠诚，做事时考虑是否认真，遇到疑问时考虑如何向别人请教，发怒时考虑有何后患，见有所得时考虑是否合乎道义。"

六 《孟子》：讲述内圣外王之道的儒家经典

难遇知音，退而著书

孟子是战国时期著名思想家，儒家代表人物之一，被后世尊称为“亚圣”。

孟子的父亲早亡，他自幼便和母亲相依为命。孟子的母亲十分重视对孩子的教育，典籍中记载了不少孟母教子的故事，像“孟母三迁”“买豚不欺子”“断织劝学”等，都成为后世教育子女的典范。可以说，孟子后来的成就与其幼年时所受的家庭教育是分不开的。

十五六岁时，孟子受业于子思的门人。子思就是孔子的孙子孔伋，后被尊为“述圣”，而子思相传师从孔子晚年著名弟子曾参。由此看来，孟子的思想基础与孔子的学说一脉相承。孟子本人对孔子也是十分崇拜，说孔子是“集大成者”，“自有生民以来未有孔子也”，并认为自己是孔子的继承者，说“乃所愿，则学孔子也”（《孟子·公孙丑上》）。

学成后，孟子也像孔子一样开始收徒讲学，虽不及孔子当时之盛，但人数也有几百。他出生地邹国的国君还不时向他讨教。但邹国毕竟是小国，要想把自己的主张推行天下，就必须到各国尤其是大国去游说。幸运的是，孟子所处的战国时期，正是各诸侯国进行激烈兼并战争的时代，各大诸侯国为了取得战争的胜利，各小诸侯国为了保住社稷不被消灭，都纷纷招揽人才，进行政治和经济改革，力图实现富国强兵。于是，孟子在四十多岁时，开始带领弟子周游列国，欲施展自己的才华和抱负。据记载，他先后游历了鲁、齐、滕、宋、魏等国。

然而，当时的诸侯国、特别是较为强大的诸侯国所追求的并不是“仁政”，不是“民为贵”，不是“舍生取义”，更不是“养浩然之气”，而是眼下的争霸争利，所以孟子的学说并没有得到诸侯们的普遍认可，只有滕国和宋国推行过孟子的主张，但影响都不大。司马迁评述孟子的政治思想在当时是“则见以为迂远而阔于事情”，受到冷落的现实自不待言。这一点和春秋时期孔子的境遇是很像的。

孟子的抱负没有得到施展，此时他已是七十余岁的老人了，再无心游历列国，于是带领万章、公孙丑等弟子，回到了家乡。此后的时间，孟子和弟子们潜心研习《诗》《书》等儒家典籍，并整理了生平中重要的言行资料，编成了《孟子》一书。

《孟子》一书记录了孟子与其他诸家思想的争辩、对弟子的言传身教及游说诸侯等内容，充分体现了孟子的思想。孟子周游列国，没有得到赏识，并不意味着他的学说没有价值，只是生不逢时罢了。从内容上看，《孟子》继承和发扬了儒家“内圣外王”的理论，书中一些至今仍耳熟能详的名句，对中国社会的发展以及中华民族性格的塑造有着重大作用，像“民为贵，社稷次之，君为轻”（《孟子·尽心下》），“舍生而取义”（《孟子·告子上》），“穷则独善其身，达则兼善天下”（《孟子·尽心上》），“富贵不能淫，贫贱不能移，威武不能屈”（《孟子·滕文公下》），等等。

从“子”到“经”

今天，我们常用“孔孟之道”作为儒家思想的代名词，殊不知这个词是两宋以后才产生的。此前，孟子其人其书的地位并不高，其人只被视为一般的儒家学者，其书也只是归入“子部”类。特别是两宋以前的官私文献，一般都是“周孔”（周公和孔子）或“孔颜”（孔子和颜回）并提，鲜见有“孔孟”合称的。

孟子其人其书的地位开始发生变化始于唐中期。当时，安史之乱刚刚平定，礼部尚书杨绾上疏建议把《孟子》和《论语》《孝经》并列，增为科举考试中“明经”的科目之一。此议虽未获允许，却开启了《孟子》由“子”升“经”的先声，并带来了《孟子》在中国历史上政治、社会和文化地位的根本性转变。

不久，韩愈又提出儒家的“道统说”，认为儒家道统是尧传舜，舜传禹，禹传汤，汤传之文、武、周公，文、武、周公传之孔子，孔子传孟子，于是下结论说孟子“功不在禹下”，唯有孟子得孔子真传。这显然是要用“尊孔孟”来取代唐初以来的“尊孔颜”。

后来，皮日休以《请孟子为学科书》奏请朝廷，其中有“夫孟子之文，粲若经传。……故其文继乎六艺，光乎百氏，真圣人之微旨也”，极力要求将《孟子》作为独立的一经。韩愈等人的主张，虽未引起社会广泛的注意，但为宋代进一步尊孟奠定了思想和文化基础。

入宋以后，伴随着理学的兴起，尊孟思潮不断发展。北宋许多政治家和思想家都对孟子及其学说大加赞扬。欧阳修就说：“孔子之后，唯孟轲最知‘道’。”（《与张秀才第二书》）理学家程颢、程颐（后世称为“二程”）常将《论语》和《孟子》并提，认为“学者当以《论语》《孟子》为本”。同为理学家的张载则作《经学理窟》一书，认为：“要见圣人，无如《论》《孟》为要。《论》《孟》二书于学者大足。”在“尊孟”热潮的推动下，开始有了孟庙的建立。

宋神宗时，王安石主持变法。王安石一生服膺孟子，曾作诗《扬雄》：“孔孟如日月，委蛇在苍旻。光明所照耀，万物成冬春。”他把尊孟思想付诸政治实践，下令将《孟子》升格为儒家经典，并作为科举和教育的主要内容。此后，孟子又首次得到官方封爵“邹国公”，并首次被允许配享孔庙。王安石变法虽然失败了，但孟子的地位却没有下降。宣和年间，《孟子》第一次被刻石，成为“十三经”之一。

靖康之难后，宋室南渡。南宋继承了北宋的尊孟传统，宋高宗御书石经，《孟子》一书位列其中。南宋大儒朱熹则是以理学为主导，融会诸家之说撰成《孟子集注》，影响巨大，后来此书与朱熹的《论语集注》《大学章句》《中庸章句》合为《四书章句集注》，成为不刊之典和士人必读的官定教材。与此同时，目录学家陈振孙所撰《直斋书录解题》正式把《孟子》列入“经部”，从而在学术文化上巩固了《孟子》一书的地位。

天时地利人和的仁政思想

作为儒家经典著作之一，《孟子》中蕴含的思想精华直到今天仍具启发和借鉴意义。

首先，孟子全面继承了孔子“仁”的思想，并将其发展为“仁政”，这是孟子政治思想的核心。孟子认为，人民在国家中占据着重要地位，民心向背与国家存亡密切相关。《孟子·尽心下》中说：“民为贵，社稷次之，君为轻。”“民贵君轻”的思想对后世产生了巨大影响。为了得到人民的认可和拥护，孟子认为治国者要做到“所欲与之聚之，所恶勿施尔也”（《孟子·离娄上》），即君主应该按照人民的意愿施政，如此才能赢得民心，巩固政权。他举了夏桀商纣因丧失民心而失天下的例子加以证明：“桀、纣之失天下也，失其民也，失其民者，失其心也。得天下有道，得其民，斯得天下矣。得其民有道，得其心，斯得民也。”（《孟子·离娄上》）孟子还提出治国者应该与民同忧乐，《孟子·梁惠王下》说：“乐民之乐者，民亦乐其乐；忧民之忧者，民亦忧其忧；乐以天下，忧以天下，然而不王者，未之有也。”这一思想成为此后开明君主调整国家统治与民众关系的准绳。此外，作为实行仁政的条件，“尊贤使能”也是孟子极力倡导的。他将知人善任、任人唯贤看作治理国家的先决条件之一，提出“选贤于众”的主张，并举了“舜发于畎亩之中，傅说举于版筑之间，胶鬲举于鱼盐之中，管夷吾举于士，孙叔敖举于海，百里奚举于市”（《孟子·告子下》）这些唯能是举的典型事例，说明君主要以贤能为依据选拔人才，用贤能之人担任相关的职位。这样，仁政的实行也就不困难了。

其次，孟子十分强调道德修养的重要性，《孟子·公孙丑上》说：“恻隐之心，仁之端也；羞恶之心，义之端也；恭敬之心，礼之端也；是非之心，智之端也。”这“四心”“四端”是人与生俱来的，决定了人天性是善良的。但如果后天生存环境中不注意存养，善良的天性就容易丧失，一旦丢失，则“去禽兽不远矣”。因此，人要不断提高自身修养以保持善的天性。此外，孟子在论及人性修养的社会价值时说：“天下之本在国，国之本在家，家之本在身。”（《孟子·离娄上》）可见，道德修养不仅仅是为了保持善心、立身做人，更重要的是能齐家、治国、平天下。也就是说，一个人若想成就一番事业，为国家做贡献、实现人生价值，最根本的是要有良好的道德修养。为此，孟子还提出了一系列提高德行、培养高尚人格的方法。其一是要做到“养心”，而“养心莫善于寡欲”，只有克制自己、减少欲望，才能培养仁德，成为志向远大的人。其二是要自觉地进行自我反省，做到知错能改。孟子认为知错不改，文过饰非，是真正的不知羞耻。其三是经过不断的道德实践培养“浩然之气”，做到“富贵不能淫，贫贱不能移，威武不能屈”。

最后，孟子思想中的和谐理念对维持社会秩序和建立良好的人际关系有着巨大影响。“天时不如地利，地利不如人和”（《孟子·公孙丑下》），孟子始终认为人际和谐要比天时和地利重要，人际和谐就是建立与人为善、助人为乐、团结协作的人际关系。为此，他提出了“老吾老以及人之老，幼吾幼以及人之幼”（《孟子·梁惠王上》），“爱人者人恒爱之，敬人者人恒敬之”（《孟子·离娄下》）的主张。另外，孟子还认识到经济因素的决定作用，提出了经济和谐的主张。他说“有恒产者有恒心，无恒产者无恒心”（《孟子·滕文公上》），人没有基本的生活保障和生存所需，就容易违法犯罪，人际和谐、社会稳定就难以实现。因此，“明君制民之产，必使仰足以事父母，俯足以畜妻子”（《孟子·梁惠王上》）。孟子又说鳏、寡、独、孤，“此四者，天下之穷民而无告者，文王发政施仁，必先斯四者”（《孟子·梁惠王下》）。一个仁政化的社会，绝不能歧视弱势群体，忽视其生存状况，要在物质生活上对他们进行关心和抚恤。这是实现社会各个阶层和谐相处的前提。

经典诵读：《孟子》选读

填然鼓之，兵刃既接，弃甲曳兵而走。或百步而后止，或五十步而后止。以五十步笑百步，则何如？（《孟子·梁惠王上》）

（有一次，梁惠王问孟子：“我对于国事也算尽心竭力了。我曾经考察过邻国的政务，没有哪个国君像我这样操心的。然而邻国的百姓并没有减少，我的百姓也没有增多。这到底是为什么呢？”孟子回答道：“大王好战，请让我用战争来说明吧。”然后孟子就讲了上面的这段话。）一旦战鼓咚咚敲起，短兵相接，战斗打响，这时有人丢盔弃甲，拖着兵器，向战场外逃去。其中，有的逃离了一百步才停止，有的逃离了五十步就站住了。逃离五十步的耻笑逃离一百步的，这样可以吗？

孟子用五十步笑百步的战场寓言，讽刺了梁惠王好战的本性以及在仁政上并没有做到家。这个寓言也透露了这样的信息，即要透过现象看到内在的本质，不能以错误程度的轻重不同掩饰错误本质上的相同。

淳于髡曰：“男女授受不亲，礼与？”孟子曰：“礼也。”曰：“嫂溺，则援之以手乎？”曰：“嫂溺不援，是豺狼也。男女授受不亲，礼也。嫂溺，援之以手者，权也。”（《孟子·离娄上》）

齐国辩士淳于髡问：“男女之间不能亲手传递东西，这是礼的要求吗？”孟子答道：“是礼的要求。”淳于髡接着问："如果嫂子掉进水里，那么可以用手拉她吗？"孟子答："嫂子落水不去拉，这简直是豺狼。男女之间不亲手接送东西，这是遵守礼制；嫂子落水用手去拉，这是变通的做法。"

这段文字用一个小故事引出后面的一个大故事：小故事是嫂子落水怎么办，性命重要还是礼法重要？两害相权取其轻，这就是变通之法、权宜之计。这说明规则在执行中应懂得灵活运用，不能僵化固守。大故事是天下人都落水了怎么办。孟子以"嫂溺援之以手"作铺垫，作对比，一句话回答了这个问题，即"天下溺，援之以道"，这个"道"就是治国的根本大道，是孟子理想中的仁政。

仁之胜不仁也，犹水胜火。今之为仁者，犹以一杯水救一车薪之火也；不熄，则谓之水不胜火。此又与于不仁之甚者也，亦终必亡而已矣。(《孟子·告子上》)

（孟子说：）"仁能够战胜不仁，就好比水能灭火一样。如今行仁的人，好像用一杯水来抢救一车着了火的木柴一样；火没有被扑灭，便说水不能扑灭火。这就助长了那些极不仁的人的行为，最终必然会把已行的这点仁也葬送掉。”

孟子善用譬喻，寓理鲜明生动，这里化用前人的语言典故（《文子》中有“一勺不能救一车之薪”之语），形象地指出：不能因为一杯水无法扑灭一车着火的木柴，便由此否定水能灭火的性质；同样，不能因为力量对比悬殊或时机未成熟而怀疑仁的力量。仁战胜不仁，这是事物发展的必然规律。成语“杯水车薪”由此而来。

七　《孝经》：以“孝”为核心的儒家经典

《孝经》作为儒家“十三经”之一，在中国古代传统文化中占有重要地位。它的篇幅很短，全文不到两千字，却形成了一个较为完整的孝道思想体系。《孝经》在古代不仅被统治者视为治国平天下的经典著作，而且也被作为做人的基本道德准则，直到今天仍有很大影响。

《孝经》作者之谜

关于《孝经》的作者，一直以来都存在争议，就目前的了解，大致有八种说法。

一是孔子所作。这一说法有两个根据。《汉书·艺文志》说：“《孝经》者，孔子为曾子陈孝道也。”《隋书·经籍志》说：“孔子既叙‘六经’，题目不同，指意差别，恐斯道离散，故作《孝经》以总会之。”

二是曾子所作。根据是《史记·仲尼弟子列传》：曾参，“孔子以为能通孝道，故授之业。作《孝经》”。

三是曾子门人所作。依据是朱彝尊《经义考》引宋人胡寅说：“曾子问孝于仲尼，退而与门弟子言之，门弟子类而成书。”

四是子思所作。依据是王应麟《困学纪闻》引宋人冯椅说："子思作《中庸》，追述其祖之语乃称字，是书（指《孝经》）当成于子思之手。"

五是孔子门人所作。依据是司马光《古文孝经指解·序》说："故孔子与曾参论孝，而门人书之，谓之《孝经》。"

六是齐鲁间儒者所作。依据是《经义考》引朱熹说："《孝经》独篇首六、七章为本经，其后乃传文，然皆齐鲁间陋儒纂取《左氏》诸书之语为之，至有全然不成文理处。"

七是孟子门人所作。依据是近人王正己《孝经今考》说："总之《孝经》的内容，很接近孟子的思想，所以《孝经》大概可以断定是孟子门弟子所著的。"

八是汉儒所作。依据是姚际恒《古今伪书考》说："按，是书来历出于汉儒，不惟非孔子作，并非周秦之言也。"

当今学者们对上述八种观点都进行过辨析。有学者指出，《孝经》所记，确为孔子与曾子的问答，但编撰者未必就是孔子或曾子。原因是，《孝经》开头就说"仲尼曰"，"仲尼"是孔子的字，古人以称字为敬，所以只能用于对他人，孔子不应该称自己的字。《孝经》中又屡称

“曾子”,“子”也是敬称，曾子不会这样自称。所以,《孝经》不是孔子或曾子所著。清华大学彭林教授根据《孝经》的行文风格和内容特色以及儒家学派的传承，认为《孝经》的编著者应该是孔子的孙子子思，成书年代当在孔、曾之后、《吕氏春秋》成书之前（因《吕氏春秋》中引用了《孝经》的文句）。本文依从这一观点。

还要解释的一个问题是《孝经》的名称。我们知道,《易经》《书经》《诗经》，这些儒家著作的“经”字，是因汉代人将其奉为经典而后加上去的。而《孝经》在汉代以前并不称《孝》，直接就叫《孝经》(战国时期的《吕氏春秋》中就已经引用了《孝经》这一名称，是为证据)。那么,《孝经》的“经”字是什么意思呢？一般认为是道理、原则、方法的意思。皇侃在为《孝经》作注释时就说：“经者，常也，法也。……事亲常行，存世不灭，是其常也；为百代规模，人生所资，是其法也；言孝之为教，使可常而法之。……孝为百行之本，故名曰《孝经》。”用今天的话说,《孝经》就是关于孝的道理和行孝的方法。

《孝经》的传承与革新

今本《孝经》是西汉时期刘向编定的，共十八章，按学者胡平生的观点，大致可分为三部分。

第一部分讲“孝”的基本理论，包括《开宗明义章第一》《天子章第二》《诸侯章第三》《卿大夫章第四》《士章第五》《庶人章第六》，主要讲“孝”是“德之本”，“教所由生”，提出了“孝”由初级至高级的三个阶段，即“始于事亲，中于事君，终于立身”，并分别规定了天子、诸侯、卿大夫、士、庶人五种不同的“孝”的内涵。

第二部分讲“孝道”与政治的关系，包括《三才章第七》《孝治章第八》《圣治章第九》《五刑章第十一》《广要道章第十二》《广至德章第十三》《广扬名章第十四》《感应章第十六》《事君章第十七》，主要讲述“以孝治天下”的道理和方法。

第三部分讲“孝道”的实行，包括《纪孝行章第十》《谏诤章第十五》《丧亲章第十八》以及散见于各章中的零星句子，主要讲述实行“孝道”的一些原则和礼法，又说明了服亲丧时孝子应尽的礼仪。

《孝经》的主要思想包括四方面。

第一是“孝为德本”。《开宗明义章第一》说：“夫孝，德之本也，教之所由生也。”其认为“孝”是一切德行和道德规范的根本，对百姓的一切教化都从孝道中产生。“孝”又被看作符合自然规律的人的行为准则，“夫孝，天之经也，地之义也，民之行也”（《三才章第七》）。意思是说，孝道法天地而生，是人的一切行为所要遵循的规律或法则。“孝”还被看作“至德”。在《圣治章第九》中，曾子曰：“敢问圣人之德，无以加于孝乎？”子曰：“天地之性，人为贵。人之行，莫大于孝。……夫圣人之德，又何以加于孝乎？”意思就是在万物中，人是最尊贵的，而在人的一切德行中，“孝”是最高的。

第二是“移孝于忠”。古代统治者倡导孝道，甚至为《孝经》作注，不仅仅是为了让百姓明白“为子之道”从而更好地孝敬父母，更深层次的原因就是要让臣民顺从和忠诚于君主，通过把子女对父母的“孝”移植为臣下对君王的“忠”。《开宗明义章第一》中说：“夫孝，始于事亲，中于事君，终于立身。”把行孝道分为三个阶段，最初是恭敬地侍奉父母，其次是忠诚地侍奉君主，最后是实现“立身行道”的志向。这也是《孝经》中所含的政治目的，与其产生的社会背景分不开，今天我们在阅读的时候也要注意分辨。

第三是“生事爱敬，死事哀戚”，阐述了作为子女应如何行孝。《纪孝行章第十》指出了孝子事亲的“五要”：一是在日常家居生活中要以最大的敬意侍奉父母；二是要以最愉悦的心态赡养父母；三是在父母生病时要怀着忧虑焦急的心情照料父母；四是父母逝世了要满怀哀痛悼念之心办理丧事；五是在对亡故父母的祭祀中要表现出极大的崇敬和肃穆之情。只有做到这五点，才算是真正尽了孝道，才可称为孝子贤孙。

第四是“孝亲以礼”。《孝经》要求行孝道不仅要有恭敬、顺从之心，更要合乎礼仪。“悖礼”“悖德”的孝，都是非孝或伪孝。为此，《孝经》根据人的社会地位的差别，把“孝”分为天子之孝、诸侯之孝、卿大夫之孝、士之孝和庶人之孝五个等级，并对这“五等之孝”提出了不同的要求。

第五是“父失则谏”。这可以说是《孝经》中的闪光点。为什么呢？中国古代社会，特别强调君、父、夫的权威，以至于有“君为臣纲，父为子纲，夫为妻纲”的“三纲”，但《孝经》中则鼓励子女对于父母的不义行为要敢于直言相劝，而不是一味地服从。也就是说，当父母有不义的行为时，子女如果还盲从“父之令”，就是陷父母于不义之中，从而让父母受到耻辱，这就不是孝。

令帝王们亲自作注的科举仕宦阶梯

《孝经》全文不足两千字，在“十三经”中篇幅最小，但在历史上却有许多帝王亲自为其作注，影响深远。

《孝经》成书后，就受到普遍重视。蔡邕《明堂论》中曾经引用魏文侯《孝经传》的文句。据《史记·魏世家》记载，魏文侯曾经师从子夏“受经艺”，他也成为迄今所知最早说解《孝经》的诸侯。战国末期秦相吕不韦延揽宾客作《吕氏春秋》，分为八览，其中之一就叫《孝行览》。《孝行览》提出为天下、治国家者“务本莫贵于孝”的观点。

到了汉代，人们推尊孔子，尤其推崇《孝经》。当时学者认为在孔子的著述中，《诗》《书》《易》《礼》原本就已存在，孔子只是做了修订而已；而《春秋》《孝经》则不然，二者是孔子亲自所作，因此他对《春秋》《孝经》尤其偏爱。郑玄在注《中庸》时说，孔子的所谓“大经大本”，“大经”指六艺，主要指《春秋》；“大本”，则是指《孝经》。《孝经》在汉代人心目中的地位，可见一斑。

为了鼓励百姓实践孝道，汉惠帝元年（前194），政府设置“孝弟”的乡官，“以劝厉天下，令各敦行务本”（《汉书·高后纪》）。文帝开始设置《孝经》博士。昭帝始元五年（前82），下诏举贤良文学，治《孝经》。宣帝地节三年（前67），立学官，郡县设置学校，乡聚设庠序，庠序中置《孝经》师一人。由于《孝经》成了学生的课本，其普及程度就更高了。东汉时，光武帝下令不仅儒生要读《孝经》，虎贲士（宫廷卫兵）也必须学习《孝经》。同时，《孝经》还成为选拔官员考试的科目。《续汉制》中就说：“汉制以《孝经》试士。”

特别要指出的是，除汉高祖刘邦以外，汉代皇帝谥号最显著的特点，就是在谥号前都加“孝”字，如称惠帝为“孝惠帝”、文帝为“孝文帝”、景帝为“孝景帝”、武帝为“孝武帝”等。据《汉书·惠帝纪》颜师古的注，汉皇室这样做的寓意是“孝子善述父之志”，这一做法也为以后的某些朝代所仿效。

魏晋南北朝是中国历史上的分裂时期，但却是《孝经》在全社会广为倡行的时代，帝王、皇太子亲自讲解《孝经》或为《孝经》作注的人数之多，超过任何时代。梁武帝亲撰《孝经义疏》，让师傅为年仅三岁的昭明太子（即《文选》的编者）讲授。北魏孝文帝更是让学者将《孝经》翻译成拓跋民族的语言，“教于国人，谓之《国语孝经》”。这一时期为《孝经》作注的学者名士更是众多，如王肃、何晏、刘劭、韦昭、皇侃等，几近百家。

“二十四史”中的《晋书》最重要的特点之一，就是开始设立“孝友传”，将孝行卓著的人物载入史册。《晋书》中还记载了王祥卧冰求鲤，吴猛“手不驱蚊，惧其去己而噬亲”等故事，后来被收入《二十四孝图》。

魏晋南北朝时期还有一件引人注目的事，就是有些朝代根据《孝经》等文献，对于官民应该具备的孝行，提出了法律要求，违反者要受到法律制裁。如南朝宋的法律规定，凡殴打父母致伤者，枭首；辱骂父母者，弃市；儿子杀父母、弟弟杀哥哥者，一律处以极刑，即使适逢大赦，也不得宽恕；等等。我们先不论这些法律条文是否刑罚过重，它的确体现了当时统治者对“孝”的重视。

隋唐时期，《孝经》广行于天下。唐高宗李治做皇太子时，和父亲唐太宗谈读《孝经》的感受，太宗听后大加称赞，说：“行此足以事父兄，为臣子。”等李治做了皇帝，下诏将《道德经》《孝经》列为上经，“贡举皆须兼通”（《旧唐书·高宗纪》）。唐玄宗李隆基对《孝经》的重视，更是闻名于世的。他曾两次亲自为《孝经》作注，并诏令“天下家藏《孝经》一本，精勤诵习。乡学之中，倍增教授。郡县官史，明申劝课。百姓间有孝行过人、乡闾钦伏者，所由长官，具以名荐”。天宝四载（745），玄宗又将《孝经》及注文刻石立于太学，供天下读书人摹写，这便是著名的《石台孝经》。《石台孝经》现存于西安碑林博物馆，由四块青石组成，置于三层石台之上，故名。此后，《孝经》被传播得更加广泛。

隋唐时期，来华学习的外国学者、官员络绎不绝，《孝经》以及中华孝道随之传到日本、朝鲜等地。日本大宝二年（武则天长安二年，702）学令规定，凡治一经或二经者，必须兼通《孝经》《论语》。据《高丽史》记载，朝鲜光宗光德十年（后周世宗显德六年，959）

秋，遣使如周，进《别叙孝经》一卷、《越王孝经新义》八卷。所谓“别叙”，就是兼叙孔子言论及弟子从学之事的书。

金、元时期的统治者对《孝经》及孝治思想依然非常重视。金海陵王就曾下诏用唐玄宗御注《孝经》作为课本，在各级学校中教授。元武宗则命中书左丞孛罗铁木儿将《孝经》翻译成蒙古文，并下诏说：“此乃孔子之微言，自王公达于庶民，皆当由是而行。其命中书省刻版模印，诸王而下皆赐之。”

明清时期，《孝经》成为人们必读必尊的经典。明太祖说《孝经》是“孔子明帝王治天下之大经大法，以垂万世”。清代顺治和雍正两位皇帝都亲自为《孝经》作注。乾隆时，宫廷画师金廷标绘《孝经图》，乾隆皇帝亲自作题记，并书《孝经》全文与图相配。

可以看到，与其他典籍相比，《孝经》在中国历史上有着崇高的特殊地位，它既是儒家经典，又是最普及的读物；既被看作人伦百行的纲纪，又被当作科举仕宦的阶梯，影响深远。

以德治国，营造和谐社会

“孝乃百行之首。”《孝经》作为距今两千多年前的作品，其中肯定含有时代色彩，但如果我们能够取其精华，去其糟粕，此书还是有很大现实意义的。

第一，《孝经》肯定了“尊老”“敬老”“养老”“送老”的原则，这在中华孝文化中无疑是具有重要和积极意义的。所谓“养老”，就是指有劳动能力的子女有义务满足年迈的父母的物质需要，即尽赡养的义务。父母到了晚年，体弱多病，作为子女承担“养老”的责任是天经地义的事情。但是，仅仅在物质上满足了父母的需要、让父母衣食无忧，还只是尽孝的低层次的要求。在“养老”的基础上还要尊敬父母，那些对父母缺少关爱的子女，是不能称为孝子的。“养老”和“敬老”不应有偏废，即尊敬和爱戴自己的父母，并给予他们无微不至的关怀，这才是一个孝子应有的德行。对于如何“养老”“敬老”，《纪孝行章第十》中说：“居则致其敬，养则致其乐，病则致其忧，丧则致其哀，祭则致其严。”这里还需指出的是，作为父母不仅要对子女进行正确的孝道教育，还要为子女做出表率。如果身为父母都不孝敬老人，却要求子女孝敬自己，这是不太可能的。因此，为人父母者要想自己的子女懂得做人的道理，尊重父母、爱戴老人，就不仅要重视对子女的孝道教育，更要做孝道的亲身实践者。只有树立自身的榜样去感化子女，孝道意识才会在子女心中生根发芽、枝繁叶茂。这也正是构建和谐家庭的根基所在。

第二,《孝经》思想蕴含着有关德治的积极因素，与我们今天倡导依法治国、以德治国、法与德相辅相成，提供了有益的精神资源。《开宗明义章第一》就指出："夫孝，德之本也，教之所由生也。"这是认为"孝"不仅至关重要，同时为德之本，是人伦之基，具有本体性。正如《周易·序卦传》所说："有天地，然后有万物；有万物，然后有男女；有男女，然后有夫妇；有夫妇，然后有父子；有父子，然后有君臣。"《孝经》中倡导的许多传统美德，如"爱敬尽于事亲""在上不骄，高而不危""用天之道，分地之利，谨身节用，以养父母"等都是由"孝"发展而来的，其核心是对人的心理、情感与精神世界的关怀。因此，只有抓住了"孝"这个德之本，对社会的管理才能正本清源、纲举目张、事半功倍。

第三，《孝经》的思想对于构建和谐社会有巨大价值。《开宗明义章第一》中，孔子对曾子说前代的圣贤有一种至为高尚的品行、至为重要的品德，用它可以“顺天下，民用和睦，上下无怨”，并问道“你知道是什么吗”，曾子回答不知道。孔子告诉他，那就是“孝”。可见，“孝”不仅仅是道德，它还可以起到让社会和谐、恩怨消除、天下归心的作用。《孝经》论证了实现和谐之道的主要途径：一是每个人都重视和不断提高自身的道德修养，在对自己的父母守孝道的基础上，广泛地实行仁爱，这样人际关系才能和谐、人与人之间才能和睦相处；二是倡导谏诤理念，忠孝并非盲从，要“进思尽忠，退思补过，将顺其美，匡救其恶，故上下能相亲也”（《事君章第十七》），从而实现家庭稳定、社会稳定、国家稳定；三是推崇谦和的风尚，要虚心忍让、克己复礼、杜绝争斗，因为“居上而骄则亡，为下而乱则刑，在丑而争则兵”（《纪孝行章第十》）。

第四，对于《孝经》中慎终追远、追念先祖的思想，我们可以创新性地转化为对中华民族传统的了解和继承，从而树立民族自尊心与自信心，增强爱国情感。而孝道中要求的“忠君爱国”，在今天可以理解为忠于国事、以国事为己任，从而增强我们的责任感和使命感。

经典诵读：《孝经》选读

子曰："教民亲爱，莫善于孝。教民礼顺，莫善于悌。移风易俗，莫善于乐。安上治民，莫善于礼。礼者，敬而已矣。故敬其父，则子悦；敬其兄，则弟悦；敬其君，则臣悦；敬一人，而千万人悦。所敬者寡，而悦者众。此之谓要道矣。"(《孝经·广要道章第十二》)

孔子说："教育人民相亲相爱，再没有比孝道更好的了；教育人民讲礼貌、知顺从，再没有比悌道更好的了；要改变旧习俗，树立新风尚，再没有比音乐更好的了；使国家安定，人民服从，再没有比礼制更好的了。所谓礼，归根结底就是一个'敬'字而已。因此，尊敬他的父亲，儿子就会高兴；尊敬他的哥哥，弟弟就会高兴；尊敬他的君王，臣子就会高兴。尊敬一个人，而千千万万的人感到高兴。被尊敬的虽然只是少数人，而感到高兴的却是许许多多的人。这就是把推行孝道称为‘要道’的理由啊！”

子曰：“君子之事上也，进思尽忠，退思补过，将顺其美，匡救其恶，故上下能相亲也。《诗》云：‘心乎爱矣，遐不谓矣。中心藏之，何日忘之？’”（《孝经·事君章第十七》）

孔子说：“君子奉事君王，在朝廷之中，尽忠竭力，谋划国事；回到家里，考虑补救君王的过失。君王的政令是正确的，就遵照执行、坚决服从；君王的行为有了过错，就设法制止、加以纠正。（君臣之间同心同德，）所以，上上下下能够相亲相爱。《诗经》里说：‘心中洋溢着热爱之情，相距太远不能倾诉。心间珍藏，心底深藏，无论何时，永远不忘！’”

八 《仪礼》：上古礼仪之重要典籍

争议最多的作者

《仪礼》与《周礼》《礼记》一起合称“三礼”。今本《仪礼》共十七篇，内容丰富，为我们了解中国上古社会的礼仪制度、民俗民风、社会经济、宗教文化、伦理道德、语言状况等提供了珍贵的历史资料，具有很高的价值。

关于《仪礼》这部书，争议最大的是它的作者问题。在分析这一问题之前，先要弄清楚两个概念，一个是今文经学派，另一个是古文经学派。所谓“今古文”的“文”，是指记载经典所使用的文字。

秦朝建立后，秦始皇为钳制人们的思想，进行“焚书坑儒”。经过秦朝“焚书”的浩劫，儒家经典遭到毁灭性的破坏。到了西汉时期，儒学经典多无旧典文本，而是靠幸存的经师口授，由习经生记录下来并加以流传。他们记录时所用的文字是西汉通行的隶书，属当时的“今文”，故称这类儒家典籍为今文经。后世研究今文经的学者，便属于今文经学派。

就在秦朝“焚书”之时，一些儒生冒死将部分儒学典籍藏在墙壁夹层里。这些经书到了汉代陆续被发现。由于这些书都是以先秦时代的大篆或籀书写成，于汉代属于“古文”，故称为古文经。后世研究古文经的学者，便属于古文经学派。

今文经和古文经除了文字不同，内容也有差异。这就导致今文经学派和古文经学派关于儒家经典的很多观点都不一致，并引发了争论。《仪礼》的作者，只是双方的分歧之一。

古文经学者认为，《仪礼》为周公所作，其依据就是周公摄政，曾制礼作乐，《仪礼》就是周公所制之礼的一部分。唐代经学家贾公彦在《仪礼注疏》的序言中就说：“《周礼》《仪礼》发源是一。理有终始，分为二部，并是周公摄政太平之书。《周礼》为末，《仪礼》为本。”

今文经学者则认为，《仪礼》成于孔子之手。最具代表性的是司马迁的说法。《史记·孔子世家》中说：“孔子之时，周室微而礼乐废，《诗》《书》缺。追迹三代之礼，序《书传》，上纪唐虞之际，下至秦缪，编次其事。……故《书传》《礼记》自孔氏。”这里的《礼记》就是指《仪礼》。后世今文经学者，继承了司马迁的观点，但同时又产生了两种不同的意见：一种以邵懿辰、皮锡瑞为代表，认为《仪礼》十七篇是孔子从周公所制之遗礼中纂辑、编定而成；另一种以廖平、康有为为代表，认为《仪礼》十七篇为孔子所作，与周公无关。

然而，今天看来，无论是今文家还是古文家的观点，都存在疏漏，并非历史真相。近现代礼学家、经学家沈文倬先生，充分吸取近代考古学的研究成果，并结合文献记载，加以综合分析后，提出《仪礼》应当是孔子的弟子及其后学陆续撰作而成，其成书年代在春秋战国之间。他特别强调，之所以肯定孔子时没有《仪礼》一书，是因为春秋以前，礼物和礼仪相结合的各种典礼已经在各级贵族中普遍实行，孔子曾担任过赞礼的傧相一类的职务，亲自参加过礼典的实践，同弟子的谈话中还多次涉及礼的理论和实践。然而，在孔子的言论中却没有直接援引《仪礼》的原文，这就证明当时礼书还不存在，各门类的礼典还没有整理成书。而在孔子之后的《墨子》《孟子》《荀子》都援引了《仪礼》之文，说明《仪礼》至迟在墨子、孟子、荀子之前就已成书，而墨子生活在战国早期，说明《仪礼》在战国早期即已成书。此后，又有不少学者从考古和古文字的角度，证明了沈先生的观点（如陕西省考古研究所研究员王辉《从考古与古文字的角度看〈仪礼〉的成书年代》)。这一观点目前已为大多数人所接受。

《仪礼》记录了什么

《仪礼》本称《礼》，从战国时代的文献记载看，当时人们都是这么称呼的。如《商君书·农战》云：“《诗》、《书》、《礼》、《乐》、善、修、仁、廉、辩、慧。”这里的《礼》即指《仪礼》。到了汉代，《仪礼》一书又有《礼经》《士礼》《礼记》三种不同的称呼。之所以被称为“礼经”，是因为汉武帝独尊儒术，设立了“五经”博士，《仪礼》就在“五经”之列。之所以被称为“士礼”，可能是因为书中所言多为士人应当遵循的礼仪。被称“礼记”，则可能是《礼》的经文之后大多附有“记”的缘故。像《史记·孔子世家》言：“故《书传》《礼记》自孔氏。”其中的《礼记》就是《仪礼》，并非今天“三礼”中的《礼记》一书。到了东晋元帝时，荀崧奏请设置《仪礼》博士，始有《仪礼》之名。之所以改名，是为了将其与新立的经典《周礼》相区别。

据《汉书·艺文志》记载，汉代的《仪礼》有古文和今文两种：“《礼古经》五十六卷，《经》七十篇。”前者为古文，后者为今文。“《经》七十篇”中的“七十”是“十七”之误倒。可见，今文《仪礼》比古文少了三十九篇。需要指出的是，今、古文《仪礼》都有的十七篇，内容基本相同，仅文字有差异；而古文《仪礼》因藏在“秘馆”，没有流传，只有后世郑玄给《仪礼》作注时参考过，所以多出的这三十九篇后来渐渐失传，人们称之为“逸礼”。

汉初最早传授《仪礼》的是高堂生，他传授的就是《汉书·艺文志》中所载的十七篇《礼经》，属于今文经。一般认为，高堂生把《仪礼》传给萧奋，萧奋传给孟卿，孟卿传给后仓，后仓传给大戴（戴德）、小戴（戴圣）、庆普。后来庆普之学逐渐消亡，《仪礼》只留下了“大戴本”和“小戴本”。另外，西汉末年刘向奉命整理图书编为《别录》，于是《仪礼》又有了“别录本”。这三个传本都将《仪礼》十七篇分为冠昏、朝聘、丧祭、乡射四类，但只有《士冠礼》《士昏礼》《士相见礼》三篇的次序完全相同，其余各篇则不尽相同。

到了东汉时期，出了一位学者名叫郑玄。他游学十余年后，回归故里，聚徒讲学，弟子达数百千人；并潜心学术，遍注“五经”，成为汉代经学的集大成者。郑玄是最早为《仪礼》全书作注的人。他鉴于“二戴本”“尊卑吉凶杂乱”，而刘向“别录本”“尊卑吉凶次第伦序”，所以用“别录本”作为底本。在作注时，郑玄对《仪礼》的原文也做了一番整理工作。方法就是把今、古文两种本子拿来互相参校，每逢两个本子用字不同时，他就要做一番选择，或采今文，或采古文，“取其义长者”。经过郑玄杂采今、古文并为之作注的《仪礼》，就是当今通行本的《仪礼》。此外，郑玄还为《周礼》和《礼记》作了注，《后汉书》褒赞他“括囊大典，网罗众家，删裁繁诬，刊改漏失，自是学者略知所归”，是“三礼”的功臣，“三礼”也由此成为显学。

今本《仪礼》的次序为：士冠礼第一、士昏礼第二、士相见礼第三、乡饮酒礼第四、乡射礼第五、燕礼第六、大射礼第七、聘礼第八、公食大夫礼第九、觐礼第十、丧服第十一、士丧礼第十二、既夕礼第十三、士虞礼第十四、特牲馈食礼第十五、少牢馈食礼第十六、有司彻第十七。

具体到每一篇的内容：

《士冠礼》，记述了古代贵族男子二十岁要举行加冠礼仪式。加冠意味着此人已经成年，在享受成年人权利的同时，也要承担成年人的责任和义务。

《士昏礼》，记述了古代贵族青年男女在家长的主持下缔结婚姻的一系列礼节仪式，包括纳采、问名、纳吉、纳徵、请期、亲迎六个环节。按照礼制规定，古代男子娶妻要在昏时，取其阳往而阴来之义，故名“昏礼”。后世将“昏”加女字旁而成“婚”字。

《士相见礼》，记述了古代贵族之间初次交往的礼节仪式，包括初次见面时的介绍、馈赠的礼物、应对、复见等内容。需要指出的是，《士相见礼》所述礼节并不仅限于士人间，还包括士见大夫、大夫相见、庶人士大夫见国君的礼节。之所以用“士相见”命名此篇，是因为士见大夫等礼仪“皆自士相见推之”。

《乡饮酒礼》，记述了古代乡一级的行政组织定期举行的宴饮活动。会上饮酒不是单纯的喝酒，而是一个重要的仪式，长幼亲疏不能混淆，饮酒礼仪不能乱用。

《乡射礼》，记述了古代低级贵族与士人，在以乡为范围的射箭比赛中应遵守的举止规则和礼节仪式。举行乡射礼的目的，在于通过这个活动考察参与者的德行和礼仪修养，以便选举贤能。

《燕礼》，“燕”通“宴”，“燕礼”即“宴礼”，记述的是诸侯宴会时的礼仪制度。其中详细描述了宴饮时的酒具、主宾座次、行为举止、答谢程式等。

《大射礼》，“大射”与“乡射”一样，都是以射箭为中心。但“大射”是诸侯国君主持的射箭比赛的礼仪，就级别来说要比“乡射”高。

《聘礼》，实际就是外交礼仪，记述的是国君派大臣到其他诸侯国进行礼节性访问的礼节，程序很复杂，包括如何辞君、如何入境、如何答对、如何设宴等。

《公食大夫礼》，记载了诸侯宴请大夫时的礼仪，如迎送、揖拜、座次、方位等，甚至还包括菜肴规格、如何上菜。

《觐礼》，是诸侯每年秋天觐见天子时的礼仪制度。

《丧服》，中国古代社会的“五服”制度即来源于此。丧服本指人死后亲族所穿的各等衣服，但丧服之制的含义却广泛得多，它包括丧服的式样等级、服丧的时限长短，并以此来区分宗族人与亡人的血缘、亲疏远近及等级差别。

《士丧礼》和《既夕礼》本为一篇，因为简册繁重而分为两篇，记述了士阶层的丧葬礼仪。其中，《士丧礼》讲士死后的收敛方式、陪葬方式、安葬制度等；《既夕礼》讲到黄昏后如何哭祭、祈祷、守灵、陈列、出殡、下葬等。

《士虞礼》，记述士埋葬父母返回家中的安魂礼。“虞”即“安”的意思。与同属于丧礼的《士丧礼》和《既夕礼》相比，后两者旨在送形而往，而《士虞礼》旨在迎神而返。

《特牲馈食礼》，记述诸侯国中的士祭祀祖先的礼仪，包括筮占、立尸、酬宾、献牺牲、祭拜等。

《少牢馈食礼》和《有司彻》也是因简册繁重而一分为二。所谓“少牢”是指祭祀时用羊和猪各一。诸侯国内的卿大夫祭祖可用“少牢”，而天子的卿大夫祭祖可用“太牢”。“太牢”除了羊、猪，还有牛，规格高了一个等级。《少牢馈食礼》和《有司彻》记载的就是诸侯国内卿大夫祭祖时从择日、筮占乃至于成礼的一整套程序。

在《仪礼》中体验古代生活

必须承认，《仪礼》中记载的种种礼典，绝大多数已经在当今社会中消失，即使没有消失，也有了很大的改变。那么，我们不禁要问，今天还有重读《仪礼》的必要吗？答案是肯定的。

首先，从《仪礼》的内容上可以看出，它主要记载的是中国古代的礼仪制度。书中很少讲关于礼的大道理，只是把礼仪程式一项一项详细地记下来，因而它的一大价值就在于作为史料保存了古代礼俗。现代的社会学、人类学、民族学，都对古代社会的风俗礼仪，包括婚丧、祭祀、聚会感兴趣，为什么？因为通过学习古代社会的风俗礼仪，一方面可以了解今天本民族人们生活的风俗习惯是如何从古代演变过来的；另一方面可以借助古代的资料印证本民族与其他民族的异同。此外，《仪礼》中记载的有关古代宗法制度、伦理思想、生活方式、社会风尚等一些价值很高的资料，能够让我们去认识和想象古代中国人的生活世界和思想世界。更为可喜的是，目前学术界对《仪礼》十七篇的研究已经完全突破了传统的思想方法，学者们更多地从礼乐文化视角去认识这部书。礼乐文化的整体性观念使研究者们不再对《仪礼》篇目进行割裂式的研究，而是将《仪礼》看作记录古代礼乐文化的整体，试图探寻“其固有的文化因素和线索”，从而攫取蕴含在其中的中华传统文化的精华。

其次,《仪礼》中的《乡射礼》,记载了先秦时期竞技运动的完整规程。将它与《礼记·射义》合读可以发现,中国式竞技运动,不仅年代与古希腊奥林匹克运动会相当,甚至更早,而且人文内涵更为鲜明。在体育运动日渐商业化的今天,重读《乡射礼》,对于正确理解体育运动的真谛,促进人的内外兼修、全面发展,极富启迪意义。

再次,《仪礼》中的《聘礼》,是迄今为止我国年代最早的、成文的外交礼"法典"。将它与《礼记·聘义》合读可知,中国式的外交礼仪,强调相交以德,鄙视金钱奥援,充满理性精神,证明中国自古相传的道德立国的理念,绝非虚言。这为我们考量当今国际事务,提供了一把崭新的"标尺"。

最后,《仪礼》中详尽地记述了古代宫室、车旗、服饰、饮食、丧葬之制以及各种礼乐器的形制、组合方式等,考古学家每每要用其与考古遗址及文物相印证。同时,书中保存的相当丰富的上古语汇,也为文献学家、语言文字学家提供了研究上古时期语言的资料。

经典诵读：《仪礼》选读

昏辞曰："吾子有惠，贶室某也。某有先人之礼，使某也请纳采。"对曰："某之子惷愚，又弗能教。吾子命之，某不敢辞。"致命，曰："敢纳采。"

问名曰："某既受命，将加诸卜，敢请女为谁氏？"对曰："吾子有命，且以备数而择之，某不敢辞。"

醴曰："子为事故，至于某之室。某有先人之礼，请醴从者。"对曰："某既得将事矣，敢辞。""先人之礼，敢固以请。""某辞不得命，敢不从也？"

纳吉曰："吾子有贶命，某加诸卜，占曰'吉'。使某也敢告。"对曰："某之子不教，唯恐弗堪。子有吉，我与在。某不敢辞。"

纳徵曰："吾子有嘉命，贶室某也。某有先人之礼，俪皮束帛，使某也请纳徵。"致命曰："某敢纳徵。"对曰："吾子顺先典，贶某重礼，某不敢辞，敢不承命？"

请期曰："吾子有赐命，某既申受命矣。惟是三族之不虞，使某也请吉日。"对曰："某既前受命矣，唯命是听。"曰："某命某听命于吾子。"对曰："某固唯命

是听。”使者曰：“某使某受命，吾子不许，某敢不告期？”曰“某日”。对曰：“某敢不敬须？”(《仪礼·士昏礼》)

纳采时，男家使者的辞令是：“尊敬的主人加惠，把妻室赐给某某[①]。某某按照先辈传授的礼节，派我来请求行纳采礼。”摈者回答说：“我家主人某某的女儿天性愚钝，父母又不能教而使之聪敏。但是您有命于此，某某岂敢推辞。”使者登堂向主人致辞说：“敢请主人纳采。”

男家使者问名的辞令是：“主人某某已敬受贵家长之命，将要占卜婚姻的吉利与否，请问女子的姓氏？”女家的摈者回答说：“您既然有命于我，而我家女子又只是备供选择的对象之一，某人不敢推辞。”

女家主人请男家使者接受醴礼的辞令是：“您为两家的婚事之故，来到某人的家。某人的家有先辈传授的礼节，请允许用醴酒酬谢您。”男家来宾回答说：“某人

① 编者注：“大意”中的“某某”“某人”“某日”均为代词。

还将继续办事，不得不辞谢。”（主人说：）“（用醴酒酬劳来宾，是）先辈传授的礼节，所以胆敢执意相请。”（来宾说：）“某人的推辞不能得到您的同意，岂敢不服从您？”

纳吉时的辞令说：“您有赐命于我家，告知女儿之名，主人某某遂加以占卜，占得的结果是‘吉’。所以派某人前来相告。”主人家的答辞是：“某某的女儿不堪教育，恐怕不能与您家相匹配。但是您家既已占得吉兆，我家也同有这吉利，所以某某不敢推辞。”

纳徵时的辞令说：“您有美好的命令，把妻室赐给某某。某某依先辈传授的礼节，备下两张鹿皮和五匹帛，派某人前来，请求纳徵。”致辞的辞令说：“某某斗胆献上礼物。”主人一方的答辞是：“您遵循先辈的常法，赐某某以重礼，某某未得到您准予推辞的命令，岂能不服从？”

男家使者请定婚期的辞令是：“尊敬的主人已赐命许婚，某人已屡屡在此受命。目前某某的主人家三族康吉，正是行嘉礼的好时候，因此请求择定完婚的吉日。”摈者回答说：“主人某某此前已受命于尊府，此事唯尊府之命是听。”使者说：“主人某某命令我某人，婚期一定要听命于尊府的主人。”摈者说：“主人坚持要听从尊府的决定。”使者说：“主人某某派某人前来听命，尊府主人不肯发话。某人回去复命时，岂敢说不出婚期？”摈者说：“那就定在某日吧。”使者回答说：“主人某某敢不恭敬以待？”

九 《尔雅》：中国现存最早的一部词典

神秘的作者

我国现存最早的一部字典是东汉许慎的《说文解字》，而最早的一部词典则是被列为“十三经”之一的《尔雅》。

孟子说：“读其书，不知其人，可乎？是以论其世也。”所以我们有必要先对《尔雅》的作者、成书年代有大致的了解，以便更好地认识、阅读该书。但这两个问题，历来众说纷纭、莫衷一是，旧说主要有三种。

第一，周公所作。始见于魏张揖的《上广雅表》：“昔在周公，缵述唐虞，宗翼文武，克定四海，勤相成王，践阼理政，日昃不食，坐而待旦，德化宣流，越裳倈贡，嘉禾贯桑。六年，制礼以导天下，著《尔雅》一篇，以释其意义。”他认为周公作《尔雅》意在阐释礼乐制度，治理天下。

第二，孔子门人所作。郑玄在《驳五经异义》中说：“玄之闻也：《尔雅》者，孔子门人所作，以释六艺之言，盖不误也。”清人邵晋涵进一步发挥，认为“《尔雅》者，始于周公，成于孔子门人，斯为定论”。

周公和孔子及其门人向来被视为儒家文化的代表，备受推崇，将《尔雅》的著作权归到他们名下，是有深刻思想渊源的。但二说都无坚确的证据，难以令人信服。《四库全书总目提要》中说“周公、孔子皆依托之词”，为通达之论。

第三，秦汉学者所作。最早提出此观点的是欧阳修，他在《诗本义》中说：“《尔雅》非圣人之书，不能无失。”“考其文理，乃是秦汉之间学诗者纂集说《诗》博士解诂之言。”管锡华先生认为秦代焚书坑儒，《尔雅》与《诗》《书》密切相关，当在禁毁之列，不具备撰集成书的条件，所以该说也不足信。

其他异说还有不少，这里不再一一介绍。之所以会产生许多不同看法，是“文献不足故也”，各说都无法提供十分确凿的证据坐实《尔雅》为某人某时所作。造成证据缺乏的原因和先秦古书流传的独特形式有很大关系。余嘉锡先生在《古书通例》中说，“周、秦人之书，……门弟子相与编录之，以授之后学，若今之用为讲章；又各以所见，有所增益，而学案、语录、笔记、传状、注释，以渐附入。其中数传以后，不辨其出何人手笔”，可为至论。所以要完全坐实《尔雅》的作者，几乎是不可能的。现代学者通过细致的文本研究，一般认为《尔雅》大致成书于战国末年，秦汉间仍略有订补。这样的结论可以说是较为合理的。

“宝库”之阶路

《尔雅》的书名如何理解，同样众说纷纭，一般认为“尔”通“迩”，近的意思；雅，义为正，指当时的通行语。近之以正，即用通行语解释被训语的意思。《尔雅》一书在形式上很像今天的词典，是“十三经”中十分特别的一部。虽然它在古代被誉为“学问之阶路”“五经之梯航”，但时过境迁，今天的读者对它往往望而生畏。其实不必，这本书是一个颇为有趣的知识宝库。

从内容上看，全书共十九篇，《释诂》《释言》《释训》解释一般语词，《释亲》《释宫》《释器》等十六篇则解释专业名词，涉及亲属称谓、天文地理、草木虫鱼等方面的内容。关于此书价值，郭璞在《尔雅序》中有精到的说明，略归纳如下三种。

第一，解释、辨析词义，可以通训诂（“通诂训之指归”“辩同实而殊号者”）。如“切磋琢磨”，今天多作为一个词来使用，个中区别已鲜为人知，但《尔雅》中还保存着详细的辨析："骨谓之切，象谓之磋，玉谓之琢，石谓之磨。"即加工骨器称为切，加工象牙称为磋，加工玉石称为琢，加工石头称为磨。知道了这种区分，也就能深入理解"如切如磋，如琢如磨"在《诗经·淇奥》中的比兴意义了。正因为《尔雅》保存了大量常见于典籍的基本词汇及解释，读通此书，再阅读其他典籍就会轻松得多。所以历代学人都将其视为阅读古代典籍的重要工具，郭璞所言"诚九流之津涉，六艺之钤键"，即就此而发。

第二，为进行文学创作提供资源。儒家认为"质胜文则野"，一定的文辞修饰是十分必要的。文学创作则更重视词藻的修饰和运用，而《尔雅》有两千多个词条、四千多词语，是一座真正的词汇宝库，可为创作者提供丰富的资源。比如张衡《东京赋》中有"鹎鶋秋栖，鹘鸼春鸣。雎鸠丽黄，关关嘤嘤"四句，其中"鹎鶋、鹘鸼、雎鸠、丽黄"皆为鸟名，"关关、嘤嘤"则为鸟声，这些词在《尔雅》里都有相应的解释。由此可见，郭璞说《尔雅》是"摛翰者之华苑"，并非虚美。

第三，书中大量的天文地理、草木虫鱼知识令人开阔眼界、博物多识（“若乃可以博物不惑，多识于鸟兽草木之名者，莫近于《尔雅》”）。古人认为“学者耻一物之不知”，因而对《尔雅》的博物学作用颇为重视，有两个小故事可以说明：汉光武帝曾与群臣在灵台宴游，得到了一只奇怪的豹纹鼠，大臣中无人能识，只有窦攸据《尔雅》认为是鼮鼠，经人核验后，果如其所说，光武帝因而赐帛百匹，并令公卿子弟随窦攸学习《尔雅》，后世传为美谈。《世说新语》中还记载着一个因不熟悉《尔雅》而致食物中毒的故事——晋朝的蔡谟避乱渡江后见到蟛蜞，以为是螃蟹，便吟咏起蔡邕《劝学章》中的“蟹有八足，加以二螯”，且命人煮来吃。但吃完以后上吐下泻，精神疲困，才知道这不是螃蟹。后来他向朋友谢尚说起此事，遭到谢氏的嘲笑：“你《尔雅》读得不熟，险些被《劝学章》害死。”因为《尔雅·释鱼》有关于蟛蜞的记载，蔡谟未能熟知，谢氏才说出这番话来。由这两则故事，可见《尔雅》在日常生活中也有较强的实用性。清儒刘宝楠曾说：“鸟兽草木，所以贵多识者，人饮食之宜，医药之备，必当识别，匪可妄施。故知其名，然后能知其形，知其性。《尔雅》于鸟兽草木，皆专篇释之，而神农《本草》亦详言其性之所宜用，可知博物之学，儒者所甚重矣。”这对《尔雅》的博物学意义讲得很透彻。

今天怎样读《尔雅》

当我们对《尔雅》的体例和内容有大致的了解之后，如何逐步深入地阅读，当然没有固定之法，因人而异。但《释诂》《释言》《释训》三篇纯为词语训释，《释亲》讲古代亲属称谓，其中一些名称已离现代生活较远，如“父之从父晜（kūn，同“昆”）弟之母为从祖王母，父之从祖晜弟之母为族祖王母”等。所以这四篇初读时都颇为枯燥，很难令人产生兴趣，倒不妨先从其他几篇中挑选一些感兴趣的条目阅读。尤其是《释地》及草木虫鱼诸篇，记载了许多有趣甚至奇怪的名物，更容易激发学习和探索的兴趣。或许阅读、调查一番之后，你会发现原来生活中常见却又陌生的东西竟这么有趣！有了意外收获，就更容易产生阅读兴趣，如此不断积累，必能获益良多。

《尔雅》无疑是我们了解古代思想文化的一个切入点，其中一些内容体现着古人的思维方式，反映出当时的社会图景。因此阅读时对文字背后蕴含的思想观念也应有所注意。如《尔雅·释鸟》说“二足而羽谓之禽，四足而毛谓之兽”，即两脚有羽毛的称为禽，四足有皮毛的称为兽。古人做出如此分类，当然是对自然界进行观察的结果，而古人对这种现象的阐释则更为有趣。如董仲舒云：“夫天亦有所分予，予之齿者去其角，傅其翼者两其足，是所受大者不得取小也。”“故已有大者，不得有小者，天数也。”《颜氏家训·省事》云：“能走者夺其翼，善飞者减其指，有角者无上齿，丰后者无前足，盖天道不使物有兼焉也。”可见古人认为有翅膀的动物脚就少、善奔跑的就没翅膀，这其中是蕴含着天道的——凡事不可能好处占尽。这种阐释世界的思维和方式是十分有趣的，而且所揭示的道理同样很有意义，引人思考。

虽然《尔雅》成书较早，历来也为学者推重，但它进入“十三经”的行列，却是唐代才有的事。汉文帝时“欲广游学之路，《论语》《孝经》《孟子》《尔雅》皆置博士。后罢传记博士，独立‘五经’而已”，还只是将《尔雅》与《论语》《孟子》一道视为“传记”。唐初陆德明撰《经典释文》，为《尔雅》书中字词做训释，已将其视作“经典”。到了唐文宗大和年间，“长于经学”的宰相郑覃向唐文宗奏言“请召宿儒奥学，校定六籍，准后汉故事，勒石于太学，永代作则”，文宗从之。遂有刊刻开成石经之事，《尔雅》作为其中一种，其经学地位正式被官方确立。可以说，《尔雅》能升格为经，除了有《论语》《左传》等“传记”升为“经”的成例外，与当时主政者对经学的重视和爱好也有关系。魏丕植先生还认为：唐文宗恭俭儒雅，锐意改革，意欲清除宦官势力，但始终未能如愿，夺权斗争以“甘露之变”宣告失败。而《尔雅》经学地位的确立正在此期间，可以看作是唐文宗在政治上被宦官势力压制后，于意识形态领域进行反抗的一种表现，是他试图在意识形态领域确立皇权的正统、权威地位的一种表达。结合当时的政治情势来看，此说亦颇有道理。

总之，《尔雅》包蕴着丰厚的文化信息，有多方面的价值和意义，是我们了解传统文化、古人社会生活等方面的绝好切入口。但不可否认，该书中的解释大多十分简略，且存在一些生僻字，时常让初学者感到不知所云。因此这里介绍四种注释、研究著作，以便读者阅读和利用《尔雅》。

第一，郭璞《尔雅注疏》，是现在所能见到的时代最早并完整流传下来的古注，是阅读《尔雅》的重要参考书。中华书局出的“汉小学四种”之《尔雅》（2016年版），据宋刻善本影印，并附有音序、笔画索引，便于翻检。

第二，今人胡奇光、方环海的《尔雅译注》（上海古籍出版社2016年版），注释简要，并有翻译及词条索引。书中的生僻字大多标注了拼音，便于初学阅读。中华书局出版的管锡华《尔雅》（2014年版）与《尔雅译注》类似，亦可参看。

第三，对《尔雅》内容、体例等作全面、详细介绍的，有顾廷龙、王世伟《尔雅导读》（中国国际广播出版社2008年版）及管锡华《尔雅研究》（安徽大学出版社1996年版），二书均可参考。

第四，若欲深入研究，则可参看《十三经注疏》中的《尔雅注疏》，中华书局有影印本，上海古籍出版社有整理本。郝懿行《尔雅义疏》及邵晋涵《尔雅正义》是清人研究《尔雅》的代表性作品，郝氏《义疏》尤详于名物考证。邵氏《正义》对郭注、邢疏多有补正，但校勘稍逊。二者互有短长，均可作深入阅读的辅助书籍。另外，朱祖延先生取自汉迄今有关《尔雅》的重要著作94种，纂集为《尔雅诂林》，收罗宏富，可备查检。

对专业研究者来说，《尔雅》更重要的是其学术价值，在词汇学、训诂学等方面有着重要意义，而一般读者不妨将其视作一本博物书和一面观照传统文化的镜子，细细研读，不必求快，必能发现不一样的精彩。

经典诵读：《尔雅》选读

如切如磋，道学也。如琢如磨，自修也。瑟兮僩兮，恂栗也。赫兮烜兮，威仪也。有斐君子，终不可谖兮，道盛德至善，民之不能忘也。(《尔雅·释训》)

如切如磋，比喻互相商讨砥砺。如琢如磨，比喻自我修养。瑟兮僩（xiàn）兮，形容矜庄宽大。赫兮烜（xuān）兮，形容光明磊落。有斐君子，终不可谖（xuān）兮，是君子有善德，百姓不能忘记的意思。

西南隅谓之奥，西北隅谓之屋漏，东北隅谓之宧，东南隅谓之窔。(《尔雅·释宫》)

屋内西南角称为奥，西北角称为屋漏，东北角称为宧（yí），东南角称为窔（yào）。

十　《说文解字》：认识汉字之门

这里我们要介绍一部字典，它是东汉人许慎所编的《说文解字》(以下简称《说文》)，这是中国最早的一部系统的字典。

也许有人会说，字典有什么可谈的，不就是人人会查、碰上认不得的字就翻翻的字书吗？现在这类书有的是，什么《汉语大字典》《中华大字典》《新华字典》，谁家都有一两本，何必那么一本正经地介绍它？可是，有三个理由使我们不能不重视《说文》的意义。

第一，在世界所有语言文字中，大概只有中国还使用着直接从象形文字发展出的符号系统，其他如古埃及文字等早已消亡，且不说英文、法文、德文、俄文，就是亚洲的日文、韩文也逐渐成了拼音文字。要知道，拼音文字已经和它所表示的事物现象相去甚远，“词”与“物”之间的关系几乎无法解释。所以有的学者认为，语言文字只是一种“约定俗成的、任意的符号”，因此无法探究早期人类语言文字和思维方式的关系。可是汉字却不一样。比如说英文 sun，为什么用这三个字母来表示太阳，这似乎没法解释；但汉字“日”，古文作⊙，一看就知道是太阳的象形。这样，汉字就为我们了解古代人的思维方式提供了丰富的资料，也为我们了解自己的语言特征提供了坚实的路径。许慎的《说文》则是了解汉字最重要的大门，大门一侧是汉字的古代形态，另一侧是汉字的现代形态。打开了这扇大门，我们就可以从古到今顺利地弄清汉民族的语言与思维特征。

第二，如果《说文》仅仅是一部字典倒也罢了，但实际上《说文》不仅是字典，而且是汉代经学的产物。汉代经学是中国思想史上极重要的一环，对中国思想影响甚大。经学的一个核心问题就是如何解释古代经典，而解释经典又需要靠语言文字之学。于是，《说文》就是理解汉代经学乃至政治、思想、文化的一把钥匙。事实上，许慎的《说文》就是为了经学而编的，它与经典解释有很深的关系，因而这部字典又涉及了中国思想史的重大问题。

第三，字典常常是人人皆有而人人都忘的东西。其实，这种看似普通的东西可能是用得最多的，有不少学者和作家是爱读字典的，因为字典会告诉你很多不了解或没时间了解的知识。读《说文》也是一样，更何况它还是通向古文字学、上古文化史的第一扇大门。

奠定中国文字学、字典学的基础

《说文》部头并不大，页数也不多，中华书局曾经出版过缩小的影印本，只有三百多页，相当于一本二十万字左右的铅印书。而且《说文》收录的字数也不多，比起《中华大字典》《汉语大字典》来，可以说是小巫见大巫，总共也只有一万余字，只是上述大字典的几分之一。但是，其重要性却远远在各种字典之上。

《说文》收录九千三百五十三个“字”，“重文”又有一千一百六十三个，这些字按部首分成了五百四十部，每个字首先列出小篆（或“古文”）字形，然后进行解释。

把字按部首分类，这是许慎《说文》的一大创造。所谓“部首”，就是每一类字有一个可以统辖它们的首领字，这个字常常是这一类字的意符（偶尔体例不纯也有音符）。这个意符，用现代通行的话来说，就是表示意义的偏旁，从文字结构上来说，又通常是这一类字共有的一个表形符号，比如说“噤”“听”等字的部首就是“口”。之所以用它们来当部首，可能有三个原因。一是考虑到同一部首下所收的字，由于共同以这个部首为基础，所以，彼此间有意义上的联系。二是许慎心中有一种文字衍生的观念，在他心目中，作为部首的字不仅是决定这一类字意义类别的“统帅”“首脑”，还是这一类字的“祖先”。换句话说，也就是这一类字都是从它那里孳生发展出来的。这个想法是有一定道理的，文字总是从简单到复杂发展变化的，近人章太炎作《文始》，就认为汉字本有“初文”，而章氏所说的“初文”，大多数就是许慎的部首。三是许慎认为，这些部首和宇宙天地间事物的门类是一致的，部首将文字分为五百四十类，天下事物亦是五百四十类，文字在部首下有条不紊，正如天下的事物各归其类有条不紊。

在每个字的开端登录的篆体字形，对于现在的人也是很重要的，这绝不是指书法家要用它照猫画虎，或篆刻家要用它镂诸金石，而是指它能给后人指示一条通往更古老的文字的途径。《说文》不仅保存了秦汉之间通用的篆体（包括大、小篆），还收集了逐渐消失的“古文”（六国文字）和逐渐孳生的“或体”“俗体”（汉代民间流行的文字），为我们展示了战国到汉代丰富的文字资料，而这一时期又恰是汉字形态变化最大的时代。我们读《说文》，可以通过它追溯与破解更早的甲骨文及金文，如果没有它作为中介，也许我们将无法解读那些与现代汉字差异极大的古文字。

当然，对于现代人最为重要的是《说文》对每个字的解释和分析。《说文》中记录了大量词汇的古义和古音，如“自”的古义是“鼻也”，“听”的古义是“笑貌”，都对今人十分有用。但是，《说文》解释和分析的最大意义还不在这里，而是在于它肯定了汉字结构分析的“六书说”对于文字分析的作用，并在《说文》中运用它对每个汉字的字形进行了卓有成效的解析，从而使人们了解了每个汉字的字形结构及字义来源。所谓“六书说”，是指汉字的六种构字法：一是象形，就是用简化的形式画出它所表示的事物，如“犬”作、“人”作等；二是指事，就是用一个抽象的符号在所表示的事物上标志出它的所指，如“本”字就是在木下加一横表示树根；三是会意，就是用两个或两个以上的字合在一起表示某种含义的字，如“牢”是用“宀”和“牛”合起来表示关牛、羊的地方；四是形声，就是用一个表示意义的形旁和一个表示声音的声旁合成的字，如“伟”是“从人，韦声”；五是转注，关于转注，古今说法不一，可能是指可以与形旁互训的字，也可能是指同一部首内引申变化出来的字，还可能是指形体变化但意义相同的孳生字（许慎举例“考”“老”）；六是假借，就是本来没有表示这个意义的一个字，便用一个同音字来充当这个字，如来来去去的“来”，是用本义为麦的“来”字充当。这六种构字法虽然还不精确，但已经大体总结了汉字结构的基本特征与种类。许慎在《说文》中就运用这些构字法，对每一个汉字进行了分析，解释了字义的由来。

用部首分类，用篆、籀、古文表字，用“六书说”为基础的字形分析来解释，这构成了《说文》严密整齐的体例，也奠定了中国字典的基本框架。后来，几乎所有的汉字字典都是在它的基础上发展变化的。所以，可以说《说文》奠定了中国汉字文字学、字典学的基础，也是汉文字从自在状态向自觉状态演化中的关键点。从《说文》起，中国人开始对自己使用的汉字有了明确的、理论的认识。

今天怎样读《说文解字》

前面说，这部《说文》可以读一读，但不了解《说文》的人可能会觉得没法读，所以这里要说一说怎样读《说文》。

读《说文》，首先要懂《说文》解释字的体例。古人解释字主要有三种方法。一是“形训”，根据字形来解释。比如《左传》：“楚子曰：‘夫文，止戈为武。’”（宣公十二年）就是说从字形上来看，止、戈两个形旁合起来是个会意字，表示“武”，意思是制止干戈。当然这一解释不太对，但它是根据字形来解释的，这个路子是对的。二是“义训”，直接陈述字义。这个方法简洁明了，但缺点是没有讲出所以然。三是“声训”，用同音或近音字来解释。比如《说文》中有“八，别也”“户，护也”。但使用这种方法要十分小心，弄不好就成了牵强附会。

《说文》用得最多的，是第一种“据形以解义”的“形训”方法，许慎根据“六书说”的理论，几乎对每一个字都做了字形的结构解说，而他对字义的解释，也大多依据这种分析。例如“竹”字：“竹，冬生草也。象形，下垂者箁箬也。”由此可知“竹”字是个象形字，许慎还告诉读者，“竹”和“草”的不同，就在于它的笋皮与竹箬是下垂的，所以它是象形字。

象形字往往是最古老的“初文”，在汉字中占的比例不太大，更多的是会意，尤其是形声字。例如会意字：“旦，明也。从日见一上，一，地也。”就是说，“旦”字是太阳和大地（日、一）的会意，表示天明。又例如形声字：“桶，木方受六升。从木，甬声。”就是说，“桶”字的意义和“木”有关，指可以容纳六升的方形木器（段玉裁认为应该是六斗），但声音却与“甬”有关，读作“他奉切”。

比较复杂的，有两种字，一是会意兼形声字，如：“珥，瑱也。从玉、耳，耳亦声。”就是说“珥”字是从玉、从耳，表示用来作耳饰的玉器，而“耳”字又同时表示它的字音。二是省声字，就是表示字音的那个字没有写全，只写了一部分来象征，例如：“矤，况词也。从矢，引省声。”说明“矤”是一个虚词，就是表示何况、况且的“矧”字，表示声音的本应是“引”，但它只用了“弓”这一半，所以叫“省”。

以上就是许慎《说文》“据形以训义”的解释体例。此外读者还应该了解《说文》对字音的解释方法。一般的形声字,《说文》都有“从某,某声”“从某、某,某亦声”“从某,某省声”,这样它的大体读音便可以一目了然,猜也能猜个八九不离十。但也有不少字,许慎则采用了“读若某”或“读与某同”的直接注音方法,例如“瑂”是“读若眉”,读者就应当参照它所指示的另一字的读音来判断。这里应当提醒一句,古音和今音有大不相同处,切不可用现代字音去套读。

了解了许慎《说文》对字形、字义、字音解释的体例与方法,也许我们就可以读懂读通《说文》了,因为汉字的三个要素就是形、音、义。

解密古代文字的“密码”

也许有人会问,就算我们懂得读《说文》的方法了,可我们为什么要读这样一本字典,读了它又有什么用处呢?读《说文》的直接用途至少有三点。

第一,可以了解现在我们仍然在使用的汉字,尤其是它的字形、字义的来龙去脉。原始汉字是什么样子，现在无法得知。虽然大汶口、仰韶等原始遗址的某些器皿上刻的符号，曾被一些专家视为最早的汉字，但毕竟数量有限，难以判断。现在可以知道确定的早期汉字，有殷商刻在甲骨上的卜辞一类的文字，有殷周铸在青铜器上的铭文，再就是战国、秦代使用的篆、籀、古文了。此后经汉代隶书到魏晋以后的楷书，便形成了现在通用的文字。其中，汉字形变最为巨大的是篆、隶之间的那一次，这次变化使我们现在使用的汉字距离原始汉字开始遥远了，很多字失去了造字时的基本形状。于是，我们常常不明白这些字为什么这样写，为什么是这个意思。可是如果我们读《说文》，看看它对字形的分析，看看它保存的篆、籀、古文，那么，很多疑问就能迎刃而解，因为篆、籀、古文毕竟保存了较多的汉字原型，而到了隶、楷书就变化较大了。例如“衆”“聚”二字，《说文》指出：“衆，多也。从乑，目衆意。”“聚，会也。从乑，取声。”于是我们知道，“衆”“聚”的下半部原来是一个三个人形组成的“乑”（即简化字“众”），而“乑”字的意思就是“衆立也”，表示人多，故而“衆”也表示多，“聚”也表示聚合、会合。可见，读《说文》了解古代字形结构，对理解现在使用的汉字是大有好处的，甚至还能从《说文》所说的字本义来分析字义的逐渐演变过程。

第二，《说文》是我们探索更古老的汉字字形、字义的一扇大门。前面我们说过，古今字形变异最大的就是篆、隶之间，而篆又正是上承甲骨、金文，下启隶书、楷书的中间环节，就像隔断古今的大门，但如果能打开这个大门，那么，它又是沟通古今的一条坦途。因而《说文》在识别古文字上是极其重要的，如果不读《说文》，那些更古的甲骨文、金文就可能无法认识。例如甲骨文中有，这是个什么字呢？一看《说文》，其中有，是“草木之初也。从丨上贯一，将生枝叶也，一，地也”，于是恍然大悟，原来就是“才”字，就是草木（）还没有冒出来地面（一）的形状。可见，《说文》就是通向古文字的一扇门户。

第三，《说文》是我们考察中国古代文化的绝好材料。《说文》所收的字（词与字在中国古汉语中分别不是很大）是古人使用过的，古人的一些偏好、习俗以及对万事万物的理解和想象常常反映在这里面。有很多人都指出，如果把《说文》和我们现在的常用字表对照，就可以看到古今的不同。比如，《说文》示部有六十二个字，除了“社”“祈”“神”“秘（祕）”“祖”“祝”“祥”“禁”“福”“祸”“斋（古字作齋）”“禅”这十二个字现在还常用外，其他的都几乎接近绝迹，就连这十二个字也改变了一些意思，否则恐怕也会被打入冷宫。可是，古人创造了示部这么多字，绝不是为了好玩，而是字字有其用途。原来古人重视祭祀，大至祭天地，中至祭祖先，小至祭灶台，名目繁多。为了区别这些不同的祭祀仪式，便有了这些不同的示部字，比如“祫”是“大合祭先祖”，“禘”是王正月郊祭天及先祖，等等。从这些今人已经很陌生的字里，我们可以看到古代社会的一个很重要的侧面，也证实了“国之大事，在祀与戎”的古话。我们知道，文化常常表现在语言上，语言的特征常常就是文化的密码，作为语言记录的符号，文字系统中往往蕴藏了丰富的文化资料，上面举的只是极普通的例子。

我们也要注意，《说文》一书也有一些错误，读它的时候应当小心，毕竟许慎一人知识有限，思考不周，而后来的学者经过长期研究，发掘材料，对它有不少匡正。例如，在部首的安排上，许慎就有自相矛盾之处，像“白”和“自”，他自己就说“此（指‘白’）亦

'自'字也"，甲骨卜辞中表示"自"（即后来的"鼻"字）的有，也有、，金文中表示"自"的有、，显然许慎误把它们当成了两个不同的字而分作了两个部首。又像"蓐""教""箕""雲"，本可属入艸、攴、竹、雨各部，许慎却又为它们另立了部首，这显然违背了建部首的本义。还有一些更以表音的声旁为部首，像"句""不"等。以"句"部为例，句部下所收"拘""笱""鉤"三字"句"皆为声旁，虽然"句"义或有会意的功用，但完全可以将三字分入手、竹、金部。这显然是许慎自乱其例，违背了"以形说义"的原则。特别要小心的是，由于许慎没有看到甲骨文等更早的文字，所以在分析字形时也出现了不少错误。比如："牢"字解释成"从牛冬省"简直莫名其妙，其实在甲骨文、金文中"牢"是个从牛、从宀的会意字；"企"字解释成"从人，止声"，其实应是"从人、从止"；等等。这里就不一一举例了。

编者注：《说文解字》因体例内容特殊，特不作诵读选编。

十一 《大学》《中庸》：讲述修身治国的儒家经典

《大学》和《中庸》原是两篇文章

《大学》和《中庸》原是《礼记》一书中的两篇文章。《礼记》，即《小戴礼记》，共四十九篇，是西汉戴圣对秦汉以前礼仪著作加以辑录、编纂而成的一部著作。

《大学》一般被认为反映了春秋末期孔子弟子曾参的思想，很可能是由曾参的弟子最终写定，思想主要体现在两方面。一是《大学》的价值取向："大学之道，在明明德，在亲民，在止于至善。"（《礼记·大学》）"明明德、亲民、止于至善"，被称为"三纲领"，它们实际说的是同一个内容，即修德为政。有了最高的原则及理论思想，接下来就是通过什么样的方法、途径修德为政的问题。二是"三纲领"统帅之下的八条目：格物、致知、诚意、正心、修身、齐家、治国、平天下。如今，我们大多只提修身、齐家、治国、平天下，实际上格物、致知、诚意、正心也是十分重要的内容，它们是修身的前提和条件。在《大学》的作者看来，这"八条目"本末始终的秩序，就是建立社会和谐的秩序。当每个人都诚意、正心、修身之时，家庭和家族便会见贤思齐地形成和睦安定的基本单位，于是国家也会井井有条，那么天下就会形成良好的伦理道德秩序，实现大治。可见，《大学》是从最基本的人性自觉谈起，最后落实到为政治国，其核心的“三纲领”“八条目”被后世修德者奉为圭臬，也被为政者奉为宗旨加以提倡和遵守。

《中庸》一般被认为其作者是孔子的孙子子思。关于子思写《中庸》的原因，南宋理学家朱熹解释说：“子思子忧道学之失其传而作也。”（《中庸章句序》）也就是说，在孔子去世后，面对战国时期百家争鸣的局面，子思担忧儒家思想会因竞争而没落，于是写《中庸》加以弘扬。《中庸》开篇说：“天命之谓性，率性之谓道，修道之谓教。”意思是肯定人性中“至善”的本质是天赋予的，人能遵循这种天赋的本性便是“道”，按照“道”的原则修养自身便是教。随后又解释说，“道”是人一刻也不能离开的，人若想修“道”，首先应该追寻自己内心中的道德本性。这里，《中庸》与《大学》有些不同——《中庸》的重点在于讨论性情的表现形式和尺度，它认为，人除了内心的道德本性要自觉把握外，还要把握性情萌发之后的节度，因为人性中除了道德理性外还有情感的成分，于是提出了“中庸”这一概念。所谓中庸，就是中和，即情感在道德本性与礼仪规范所要求的尺度内的表现，他强调情感的抒发要有节度、有原则，不温不火、不过也无不及。

《大学》和《中庸》虽然成于不同时期，但二者却有着内在的联系。《大学》讲的是如何“为人”和“为学”，是一篇实现人生理想方法的纲要；《中庸》讲的是“为人”和“为学”的道理，是一种贯穿人之 一生的认识论。二者互为表里、互相补充，是儒家“内圣外王”理想的典型体现。例如，《中庸》论述知、仁、勇这三种美好品德，与《大学》的修身、齐家、治国、平天下遥相呼应。“子曰：‘好学近乎知，力行近乎仁，知耻近乎勇。’知斯三者，则知所以修身；知所以修身，则知所以治人；知所以治人，则知所以治天下国家矣。”（《中庸》）总之，《中庸》为《大学》提供了理论基础，是《大学》的根柢所在；《大学》为《中庸》提供了实践方法，是宣传《中庸》的方法论。

朱熹为什么要为《大学》和《中庸》单独作注

隋唐以前，《礼记》还未被确立为儒家经典，《大学》

和《中庸》也未受到应有的重视，其注释和研究的著作不多。

隋唐时期,《礼记》开始为学者们所重视。特别是唐太宗命孔颖达等人撰定《五经正义》(五经即《诗经》《尚书》《礼记》《周易》《春秋左传》)，这标志着《礼记》取得了儒家经典的地位。随着《礼记》地位的上升,《大学》和《中庸》的地位也有了相应提高。这段时期虽没有其相关研究著作出现，但一些学者已关注到其独特的思想价值所在。最著名的是隋末唐初大儒王通，其著作《中说》的儒学思想体系，主要就是根据《大学》和《中庸》建立的。到中唐后，韩愈、李翱已经把《大学》和《中庸》作为其创立儒家心性学说的重要思想依据。

入宋后，义理心性之学兴起,《大学》和《中庸》自然受到青睐。宋初统治者甚至亲自抄写《大学》和《中庸》，赐予臣下学习。与此同时,《大学》和《中庸》也成为皇帝经筵进讲的基础教材。儒士和理学家们对《大学》和《中庸》更是热衷，研究著作层出不穷,《大学》学、《中庸》学，循此而兴起。

北宋的程颢、程颐（后称二程）开始把《大学》和《中庸》作为独立的专经大力加以表彰，并与《论语》

《孟子》相提并论。正如《宋史》所说:“(二程)表章《大学》《中庸》二篇,与《语》《孟》并行。”后世“四书”的概念于此初步形成。二程还进一步认为这四部书构成了完整的儒家心性论体系,其内在结构是:《中庸》是讲“理”的,《大学》是入德之门,《论语》《孟子》彰显了孔孟之道。

由于二程的表彰,《大学》和《中庸》的地位日渐凸显。南宋时,受学于二程弟子的朱熹认为《大学》和《中庸》是二程学问的基础和真道理,而《学》《庸》《论》《孟》四部书代表了由孔子经过曾参、子思传到孟子这样一个儒家道统,二程和自己则是这一中断已久的道统的继承者和发扬者。于是,他决定给这四部书分别作注。对于《大学》,朱熹在二程的基础上,重新厘定次序,分经一章、传十章,并认为“格物致知”章已经缺失,作了著名的《补传》,终成《大学章句》。对于《中庸》,朱熹更是下了许多功夫,他“会众说而折其中”,写成《中庸章句》,使《中庸》的主旨支分节解、脉络贯通、详略相因、巨细毕举。《大学章句》、《中庸章句》与《论语集注》、《孟子集注》合称为《四书章句集注》。“四书”之名由此而定,《大学》和《中庸》也正式从

《礼记》中脱离出来，成为专门的两部著作。

朱熹对《大学》和《中庸》的注释，可谓体大思精，是朱子理学的结晶与缩影，也是孔孟之学的津梁。它不仅奠定了理学的基础和理论框架，而且极大地丰富和充实了中国哲学的内涵，对中华传统文化的发展做出了理论贡献。朱熹本人也因此成为儒学的集大成者和被后世景仰的一代名儒。

此后，《四书章句集注》一书被历代封建统治者所推崇。南宋理宗曾下诏盛赞此书“有补治道”。从元代开始，《四书章句集注》成为各级学校的必读书和科举考试的标准答案。理学也成为官方哲学，对中国社会思想产生了深远且巨大的影响。

令前人大赞的“独有宝贝”

近代的孙中山先生，曾赞赏《大学》中的“格物致知、修齐治平”是“应该要保存”的中国的“独有宝贝”。的确，作为儒家经典的《大学》和《中庸》，其蕴含的思想至今仍有借鉴意义。

首先，它们同时强调“慎独”的修身理念。《大学》

记载："所谓诚其意者，毋自欺也，如恶恶臭，如好好色，此之谓自谦。故君子必慎其独也。"《中庸》也说："是故君子戒慎乎其所不睹，恐惧乎其所不闻。莫见乎隐，莫显乎微。故君子慎其独也。"所谓"慎独"就是"不欺暗室"，即在独处之时也能保持高尚的节操。历代人物，柳下惠坐怀不乱，东汉杨震慎独拒贿，宋人袁采"处世当无愧于心"，元人许衡不食无主之梨，曾国藩"日课四条"——慎独、主敬、求仁、习劳，凡此种种，均极好地体现了"慎独"之功。作为儒家思想的精华，"慎独"至今仍具有生命力。第一，它强调了道德自律，可以使人养成良好的道德习惯。特别是我国目前正处于社会转型期，制度建设还有待完善。人们在缺少监督的情况下，个人的慎独意识就尤为不可或缺。第二，慎独思想蕴含着持之以恒、自强不息的精神。作为一种道德境界，慎独非一朝一夕之事，它需要通过长期实践锻炼才能达到。这个过程，就培养了我们一如既往、慎终如始的毅力和品格。

其次，它们都认为"诚"是道德的根本。"诚""诚信"作为一条道德规范在儒家的道德体系里，受到了高度重视，被视为"进德修业之本""立人立政之本"。能够诚于中者，必信于外。因此，《大学》充分地肯定了“诚意”在修身环节中的重要作用，把它视为实现齐家、治国、平天下的重要环节。而《中庸》则用了更多的篇幅对“诚”的价值给予高度的赞扬，如“诚者，天之道也，诚之者，人之道也”，还说“不诚无物”。在当今市场经济的背景下，诚实守信作为一条根本的道德准则更是不容忽视，它决定着一个人、一个单位乃至一个国家的成败得失。

最后，它们的思想对构建社会主义和谐社会具有启发性。对于“中庸”，人们曾一度认为是“和稀泥”“折中主义”，这其实是一种误解。“中庸”强调的是“度”的把握，具体表现为执两用中、过犹不及、和而不同、因时制宜，这些理念对当今实现人际关系的和谐与整个社会的稳定产生了积极的影响。《中庸》还提出“万物并育而不相害，道并行而不相悖”，体现了和谐相处、宽容包纳的价值理念。

与此相仿，《大学》则提出通过正心诚意等道德修炼获取个人身心的和谐。主要体现在通过“格物致知”，知晓“本末”，“知其所止”的方法来正确把握诸如义与利、能力与职位等各种复杂的关系，从而提升个人素养，实现人生的价值。另外，《大学》还说：“尧舜帅天下以仁，而民从之。桀纣帅天下以暴，而民从之。其所令反其所好，而民不从。”并提醒君王“民之所好，好之。民之所恶，恶之”，“道得众则得国，失众则失国”。这是主张以“仁政”“德治”并御的施政理念来实现社会与国家的和谐，而仁政的精髓就在于“以民为本”，即从政者不但要重视民众的呼声，而且要顾及民众的利益需求。这对于群众路线教育实践工作不无借鉴意义。

经典诵读：《大学》《中庸》选读

大学之道在明明德，在亲民，在止于至善。知止而后有定，定而后能静，静而后能安，安而后能虑，虑而后能得。物有本末，事有终始。知所先后，则近道矣。

古之欲明明德于天下者，先治其国；欲治其国者，先齐其家；欲齐其家者，先修其身；欲修其身者，先正其心；欲正其心者，先诚其意；欲诚其意者，先致其知；致知在格物。

物格而后知至，知至而后意诚，意诚而后心正，心正而后身修，身修而后家齐，家齐而后国治，国治而后天下平。

自天子以至于庶人，壹是皆以修身为本。其本乱而末治者，否矣。其所厚者薄，而其所薄者厚，未之有也。(《大学》)

大学的宗旨，在于弘扬光明正大的品德，在于使人弃旧向新，在于使人的道德达到最完善的境界。知道应达到的境界才能够有坚定的志向，志向坚定才能够镇静不躁，镇静不躁才能够心神安定，心神安定才能够思虑周详，思虑周详才能够有所收获。每样东西都有根本有枝末，每件事情都有开始有终结。明白了这本末始终的道理，就接近事物发展的规律了。古代那些要想在天下弘扬光明正大品德的人，先要治理好自己的国家；要想治理好自己的国家，先要管理好自己的家庭和家族；要想管理好自己的家庭和家族，先要修养自身的品性；要想修养自身的品性，先要端正自己的心思；要想端正自己的心思，先要使自己的意念真诚；要想使自己的意念真诚，先要使自己获得知识；获得知识的途径在于认识、研究万事万物的道理。

对万事万物认识、研究后，才能获得知识；获得知识后，意念才能真诚；意念真诚后，心思才能端正；心思端正后，才能修养品性；品性修养后，才能管理好家庭和家族；管理好家庭和家族后，才能治理好国家；治理好国家后，天下才能太平。

上至国家元首，下至平民百姓，人人都要以修养自身品德为根本。若这个根本被扰乱了，家庭、家族、国家、天下要治理好是不可能的。不分轻重缓急，本末倒置却想做好事情，这也同样是不可能的。

天命之谓性，率性之谓道，修道之谓教。道也者，不可须臾离也，可离非道也。是故君子戒慎乎其所不睹，恐惧乎其所不闻。莫见乎隐，莫显乎微。故君子慎其独也。喜怒哀乐之未发，谓之中；发而皆中节，谓之和。中也者，天下之大本也；和也者，天下之达道也。致中和，天地位焉，万物育焉。(《中庸》)

天赋予人的禀赋叫作性，顺着本性行事叫作道，按照道的原则修养叫作教。道是不可以片刻离开的，如果可以离开，那就不是道了。所以，品德高尚的人在没有人看见的地方也是谨慎的，在没有人听见的地方也是有所戒慎畏惧的。越是隐秘的事情越是容易显露，越是细微的事情越是容易显现。所以，品德高尚的人在一人独处的时候，更要谨慎。喜怒哀乐各种情感没有表现出来的时候，叫作“中”；表现出来以后符合节度，叫作“和”。“中”是人人都有的本性；“和”则是天下普遍遵循的原则。达到“中和”的境界，天地便各在其位了，万物的生长便繁育了。

十二 《四书章句集注》：朱熹最具代表性的理学名著

“四书五经”是我们非常熟悉的一个名词，常用来代表儒家经典。其实，细究起来，“四书五经”包含两个部分：“四书”和“五经”。“四书”即《大学》《中庸》《论语》《孟子》，“五经”即《诗经》《尚书》《礼记》《周易》《春秋》。

谈到“四书”，就不能不提南宋理学集大成者朱熹的《四书章句集注》，这部书被视为注解“四书”的儒家理学名著，受到后世学者的广泛重视。学习“四书”，学习中华传统文化，甚至研究明清时期的科举制度，都离不开这部著作。

成书背景

历史上，每一种思想理论的产生，都离不开时代的文化根源和思想根源。朱熹《四书章句集注》的成书以及朱熹“四书”学的形成与宋代的历史文化、宋代理学思潮的兴起和发展，以及宋代的社会环境都有着十分密切的关系。

北宋王朝建立后，宋太祖赵匡胤吸取和总结了唐末以来藩镇拥兵自重的历史教训，为了实现国家的长治久安、防止再次发生兵乱分裂，他采取了一系列措施加强中央集权，并通过“杯酒释兵权”的方式解除了大将的军权，将军事大权收归皇帝手中。由此，形成了“重文轻武”的局面。文士在宋朝的地位相对来说是比较高的，且宋代的文化政策相对开明，文化环境相对宽松，因而促进了宋代文化的繁荣。

另外，宋代的思想家继承了唐代韩愈提倡道统、重整儒学的做法，孙复、石介、欧阳修、王安石等人主张复兴儒学，统一道德，重整伦常，强调人道、人理之义理规范。不同于汉唐经学重章句训诂的治经之法，宋代学者研治儒家经典，不再局限于文字声韵、名物制度等表面文字的考证，而是深入到经典的内部，探讨内在的义理，将其体现的儒家伦理发扬光大，从而为社会治理服务。这些做法得到了统治者的大力支持，尊孔读经的活动由此展开。

应该说，讲求儒家经义，探究儒家经义之理的义理之学，是朱熹注解“四书”的重要思想渊源。北宋中期，儒学的复兴运动引发了理学思潮的兴起。在吸收了佛老之学后，带来了传统经学上的革新，形成了新儒学——理学。理学融汇了儒、释、道三家学说，进一步发展了儒家学说的道德伦理。理学家们主张内圣外王的政治理想，以及“格物致知”“发明本心”等内省的功夫。他们结合自然科学的发展，解经时不再拘泥于章句训诂，而是突出经文的义理大旨，着重于义理、性理、天理、唯理、穷理等，使儒学思辨化、哲理化。理学家在注经、解经的过程中，倾注了自己的思想与观点，将伦理道德规范化、定型化。

宋代理学家们还认为，在义理阐发上，“五经”侧重治世，是外王之道；“四书”则注重个体的身心完善和调整，是内圣之修。他们指出，外在的求理并不能探求到事物的本质和规律，只有内在的功夫，才能了解事物运动变化的根本，进而准确、全面地把握事物的本质与规律。《大学》《中庸》《论语》《孟子》中关于完善个人身心的理论资源丰富且系统，更适合构建理学体系，因此北宋的二程便开始注重“四书”的学术活动，把义理之说发展为理学，使理学占据了经学发展的主导地位。朱熹则将“四书”学发展到新高度，穷毕生之力撰就《四书章句集注》，书中虽然有重训诂的成分，但其主要目的在于阐发义理。

成书过程

《四书章句集注》其实包含四种书：《大学章句》《中庸章句》《论语集注》《孟子集注》。这里有必要解释一下什么是“章句”和“集注”。所谓“章句”，是以训解章句的方法来实现解经的目的；所谓“集注”，即集合众人之注释。“章句”原本是章节和句子的合称，《文心雕龙·章句》谓：“夫人之立言，因字而生句，积句而成章，积章而成篇。”可见，章是文章的段落，句是文章中最基本的语义构成成分。根据文章中每句每段的内在含义加以诠释，就称为章句之学。在汉代，由于注家多用分章析句的方式来解说古书，于是形成了这种流行的著作体。

可以肯定，《大学章句》《中庸章句》《论语集注》《孟子集注》完成于不同时期；《四书章句集注》的成书，经历了一个逐步发展完善的过程，由对“四书”的集解、集说，逐步过渡到章句、集注，再到《四书章句集注》的撰成和完善。这个过程也体现了朱熹理学思想的不断发展和完善。

朱熹关于“四书”的训诂注释之作，最早的是作于南宋高宗绍兴三十年（1160）的《孟子集解》初稿。但朱熹对初稿并不满意，认为义理不明之处较多，为此，他与何叔京、吕祖谦等人书信往来不断，反复商讨，在集思广益、兼采众长的基础上，经过两次修改，才在孝宗乾道七年（1171），最终定稿《孟子集解》。

同时，朱熹还对《论语》进行了注解。南宋孝宗隆兴元年（1163），他将《论语集解》删改补订，独取二程之说编成《论语要义》。又由于《论语要义》“训诂略而义理详”，不利于儿童诵读，于是另作《论语训蒙口义》，将训诂、义理并重，方便儿童诵读学习。

孝宗乾道八年（1172），朱熹将《孟子集解》和《论语要义》二书合并刊刻，称为《论孟精义》，后又称《语孟集义》《语孟要义》。《论孟精义》是朱熹对前人之说，尤其是对二程之言的整理和编纂，并非他自己的立意之作。

孝宗淳熙四年（1177），朱熹在《论孟精义》的基础上，经过反复思索，将自己的思想见解融入注解中，“约其精粹、妙得本旨者为《集注》，又疏其所以去取之意为《或问》”[①]，完成了《论语集注》、《孟子集注》和《四书或问》的编撰。朱熹对此也颇为满意，说：“某语、孟集注，添一字不得，减一字不得。”“某于《论》《孟》，四十余年理会，中间逐字称等，不教偏些子。”[②]

朱熹的《论》《孟》之学，体现了他对二程思想认识的不断深化，是他对儒学真精神的一种追求。

唐代韩愈及其弟子李翱十分推崇《中庸》，宋代二程也对《中庸》大加赞赏。朱熹则逐渐体悟到《中庸》乃“提挈纲维，开示蕴奥，未有若是之明且尽者也”（《中庸章句序》），认为它是承续儒家道统的唯一线索，蕴含着儒家的真精神。

关于《中庸》，朱熹的最早著述为《中庸集说》，但他对此书不甚满意。随着朱熹对“中和”思想的理解不断深入以及与友人的多次探讨论辩，终在孝宗乾道六年（1170）完成了对《集说》的修订，定名为《中庸集解》。在《中庸集解》的基础上，朱熹在孝宗乾道八年（1172）撰写了《中庸章句》初稿。随后，他又进行了多次修订，把《中庸》分为三十三章。同时，朱熹还著述

---

① （清）王懋竑：《朱熹年谱》，中华书局 1998 年版，第 76 页。

② （清）王懋竑：《朱熹年谱》，中华书局 1998 年版，第 76 页。

了《中庸或问》和《中庸辑略》，用来辅助理解《中庸章句》。孝宗淳熙十六年（1189），朱熹正式写定《中庸章句序》，明确论述了圣人之道的传授，首次将“道统”连用，把“道统”的概念和实际内涵相结合。

孝宗乾道二年（1166），朱熹对早年所作《大学集解》进行更定。孝宗乾道七年（1171），朱熹在《大学集解》的基础上，写成了《大学章句》初稿，然后又反复修改。朱熹对《大学》文本的勘定与诠释是与《中庸》同时进行的，他对《大学》古本进行改定，整体上“文理接续，血脉贯通，深浅始终，至为精密”（《大学章句》）。朱熹对《大学》的突出贡献，是把它分为经、传两部分，经“盖孔子之言而曾子述之”，传“则曾子之意而门人记之也”（《大学章句》）。这样，才能“序次有伦，义理通贯，似得其真”[①]。朱熹对《大学》文本的编排，“尝窃取程子之意以补之”（《大学章句》），补写了格物致知论，表明了他对格物致知的重视。

从现行《四书章句集注》看，朱熹注解“四书”，既不像汉唐诸儒训诂之“不敢轻有变焉”，也不是“不

① 曾枣庄：《宋代序跋全编》，齐鲁书社2015年版，第4308页。

能精思明辨以求真是”，更不是宋儒之“全不略说文义，便以己意立论”的阐释。他既注重探究“四书”文本之本义，又注重文本义理之阐发，既有义理的梳理，又有经学文本的编排，因而巧妙地将理学思想“嫁接”到《大学》《中庸》《论语》《孟子》中，完成了在经典注本基础上新的义理阐发。

应该说，朱熹对“四书”的贡献是巨大的，从此掀起了“四书学”的风潮；而《四书章句集注》一书构建了一整套完整的理学思想体系，极大地推动了儒家思想的传播。

“切己知道”读书法

在《四书章句集注》中，读书法是朱熹在解释“四书”过程中所关注的一个问题。在《论语集注》前，朱熹特别选了“二程语录”中有关阅读《论语》《孟子》的方法编成《读论语孟子法》。朱熹本人是十分认可这些方法的，甚至可以说他就是要借二程之口来表达自己的读书法。仔细分析《读论语孟子法》，并结合《朱子语类》，可以发现“切己知道”是朱熹最具特色的一种读书法，这种读书法对今人不无启发。

《读论语孟子法》第四条称“须将圣人言语切己，不可只作一场话说。人只看得二书切己，终身尽多也”。在《四书章句集注》的注文中，也常常见到“切己”“尽心”“深戒”等语来提醒读者要反躬自省。在朱熹看来，《论语》《孟子》等经典中所讲的内容就是要改变自身，去恶从善，修身养性，从而达到圣人的境界。要将经典中的“圣人之言反求诸身”，就是将圣人之言与自己的身心结合起来，以便洞察经典中所说的究竟是指自己身上的哪一部分，对这一部分又应该怎样下功夫。也就是说，经典中所记录的言语，体现着一种思想境界，这种思想境界是需要读者真真切切地在自己身上体认的。

朱熹之所以提出理解经典要“切己”，是因为他认为秦汉以后人们读书大多只停留在书本的表面，很少联系自身，更不用说反躬自省了。他还认为，一般人读书容易舍本逐末，“但于纸上看，文义上说得去便了”[①]。这一类人属于不求甚解者，就如程子所说的阅读《论语》的第一类人“读了后全然无事者”。朱熹强调要注重经

① （宋）黎靖德：《朱子语类》，中华书局1986年版，第176页。

典的深义，并善于发挥经典的余意，适应当时人理解经典的需要，进而体悟经典中蕴含的精神，提高自身的修养。

应该说，“切己”就是要把经典从古代拉向当下，拉向读者本身。具体的做法是借助圣人的言语在自己身上推究。《朱子语类》中记载了朱熹对此的一个形象比喻：譬如我们生病了，医生开出了治病的药，如果想要治好病，就不能仅仅拿着药看而已，只有吃掉药，才能使我们的病痊愈。圣人的言语就好像他们给我们的病所开出的药方，只有将圣人的言语“切己”，才能真正对自己的为人处世有帮助。

《朱子语类》中还对如何“切己”做了简单说明：比如《论语》《孟子》中讲“仁义礼智”，“切己”就要在自己身上体认出什么是仁，什么是义，什么是礼，什么是智，而不应该把仁、义、礼、智只看成与自己毫不相干的四个字，认识它们就可以了；又如“学而时习之，不亦说乎”，其文本原义不难理解，但要体会到学习的快乐，则必须落实到个人的心理体验上。

“切己”的目的在于“知道”，如《读论语孟子法》第九条中程子所说“读《论语》《孟子》而不知道，所谓‘虽多，亦奚以为’”。“道”在中国古代是一个抽象又神秘的概念，比如《道德经》说：“道可道，非常道。”古人所说的“道”，不仅仅局限于道理，其内涵是很深邃的。但对于今人来说，不妨把“道”理解成道理、规律、原则、法则，而这些应该是我们在读书时不断思考、探寻和体悟的。

朱熹在《四书章句集注》中特别关注圣人之道等问题，他引程子之说，将“知道”作为《读论语孟子法》的最后一条是别有深意的。学习圣人之道，直接目的并不简单在于获取功名、增长知识，而是追求一种圣人的境界，可见朱熹眼中的“道”是十分高的。

朱熹特别强调“知道”的重要性，就是要告诉人们读书的动机往往决定了他能够达到的目标和高度。也就是说，一个人的志向有多大决定了这个人能够走多远。朱熹的一生就是以追求“知道”为目的。他在少年时高中进士后，并没有像许多士子那样将圣贤之书作为获取功名利禄的工具，一旦考中，就将它们永远抛弃，而是更加热心于学习圣人之道，并且尽可能地拓宽自己的眼界和知识面。《四书章句集注》就是朱熹花费了大量心血精心撰就的，既具有学术性，又具有思想性，这也是此书能够流传至今仍然不朽的重要原因。

“切己知道”是朱熹十分注重的读书方法，今天看来，这种方法仍具有启发意义。它告诉我们，经典要反复读、时常读，随着人生阅历的增长，每读一遍都会有不一样的体悟和收获。此外，读经典除了理解文意之外，更要联系自身、联系实际，做到学以致用、以古鉴今，这样才能不断提高自己的修养以及待人处事的能力。

并行不悖的“和谐”思想

《四书章句集注》中体现着“和谐”思想，为我们今天构建和谐社会提供了理论资源。

首先，书中说：“天覆地载，万物并育于其间而不相害。四时日月，错行代明而不相悖。所以不害不悖者，小德之川流。所以并育并行者，大德之敦化。小德者，全体之分。大德者，万殊之本。川流者，如川之流，脉络分明而往不息也。”（《中庸章句》）

这里的“不害”“不悖”说的就是人与人之间、人与自然之间要和平共处、不相互伤害，这正是“和谐社会”的基本要义。文中的“川流”，指如川之流，它们各自按自己的条理，流向远方，生生不息。也就是说，“并行”就是要“各得其所”，“不悖”就是要“和谐共生”，而这两方面正是构建和谐社会的核心要素。

人与自然之间的“并行不悖”，就是人口、资源、环境、生态之间的平衡。朱熹的描述是：“古者网罟必用四寸之目，鱼不满尺，市不得粥（同“鬻”），人不得食。山林川泽，与民共之，而有厉禁。草木零落，然后斧斤入焉。”（《孟子集注》）他把这种“尊节爱养”之事推为“五德之始”，给予了很高的评价。这实际上就是强调不能竭泽而渔，要保证自然资源的可持续发展，从而实现人与自然的和谐相处。朱熹认为，“仁民而爱物”之“爱”就是要对“禽兽、草木”之物“取之有时，用之有节”。

人与人之间的“并行不悖”，就是缓和和解决人与人之间的矛盾。朱熹对人与人和谐相处的最高理想是如“鸢飞戾天，鱼跃于渊”。他注解说：“子思引此诗以明化育流行，上下昭著，莫非此理之用。”（《中庸章句》）在评价曾点“浴乎沂，风乎舞雩，咏而归”的理想时，朱熹说：“即其所居之位，乐其日用之常，初无舍已为人之意。而其胸次悠然，直与天地万物上下同流，各得其所之妙，隐然自见于言外。”（《论语集注》）在这里，“上下同流”就是“各得其所”，而“各得其所”之义就是“即其所居之位，乐其日常之事”，人人和乐相处。

其次，朱熹继承了张载“民胞物与”的思想，为人与人之间的友爱和尊重寻找到理论支持。社会成员之间的和谐关系是社会和谐的基础，“诚信友爱”则是构建和谐的又一关键因素。

我们知道，和谐社会要求社会成员之间要相互认同和接纳，人只有将自爱化为同类之爱，才能认同他人，尊重他人，推己及人，而不以自我利益为中心，做损人利己的事。朱熹对人们既把握自己又融合于群体的和谐人际关系的构建非常重视，他认为人们应该先从家庭成员的互亲互爱做起。他反复论述“孝”的重要性，认为“人人亲其亲，长其长而天下平”（《孟子集注》）。也就是说，家庭和谐是社会和谐的基础，幸福的家园是社会和谐发展的港湾。友爱之外，朱熹又提到诚信这个道德理念，他认为诚信与友爱关系密切，诚信是实现友爱的必由之路，是构建和谐社会的道德基石。在对《中庸》进行注解时，朱熹提出诚是“一篇之枢纽”，认为“诚”

即“真实无妄”，就是人与人在相处过程中不欺骗、不狡诈，要用真心、真言，以真诚的态度对待他人。在朱熹看来，诚信是人身心的内外统一。至于“诚”实现的途径，朱熹提出“诚者，天之道也；诚之者，人之道也”，即人要通过努力，自觉地除去一己之私念，达到精诚的境界，从而完成对“诚”的追求。朱熹还认为“诚无息”，就是说对“诚”的追求是一种人格历练，它不能一蹴而就，需要有恒心，不断地追求，才能达到至诚的境界。

可以看出，《四书章句集注》中体现的“和谐”思想，其关键之处在人，也就是说，朱熹重视人自身的修养，倡导“涵养节制”，锻炼意志，进而重视塑造人的社会责任感和历史使命感，这些理念对于我们增强个人素质，进行社会主义道德建设都具有重要的借鉴意义。

经典诵读：《四书章句集注》选读

夫尧、舜、禹，天下之大圣也。以天下相传，天下之大事也。以天下之大圣，行天下之大事，而其授受之际，丁宁告戒，不过如此。则天下之理，岂有以加于此哉？自是以来，圣圣相承：若成汤、文、武之为君，皋陶、伊、傅、周、召之为臣，既皆以此而接夫道统之传；若吾夫子，则虽不得其位，而所以继往圣、开来学，其功反有贤于尧、舜者。然当是时，见而知之者，惟颜氏、曾氏之传得其宗。及曾氏之再传，而复得夫子之孙子思，则去圣远而异端起矣。子思惧夫愈久而愈失其真也，于是推本尧、舜以来相传之意，质以平日所闻父师之言，更互演绎，作为此书，以诏后之学者。盖其忧之也深，故其言之也切；其虑之也远，故其说之也详。其曰"天命率性"，则道心之谓也；其曰"择善固执"，则精一之谓也；其曰"君子时中"，则执中之谓也。世之相后，千有余年，而其言之不异，如合符节。历选前圣之书，所以提挈纲维、开示蕴奥，未有若是之明且尽者也。(《四书章句集注·中庸章句序》)

尧、舜、禹是天下的大圣人。以天下相传，是天下的大事啊。作为天下的大圣人，履行天下的大事情，而在他们交接之际，叮咛告诫，不过如此。那么，天下的道理，还有比这个更高明的吗？从此以后，圣人与圣人之间相传承：像成汤、周文王、周武王作为君主，皋陶、伊尹、傅说、周公、召公作为大臣，都已经用“允执厥中”的传统来接续道统；像孔子，则是虽然没有得到应有的位子，可他继承了以往圣人的学说，开创了后来的学问，那功业反而有超过尧和禹的。然而，在那个时代，见到并了解这一点的，只有颜渊、曾参得到了孔子的正宗之传。等到曾参再往下传，又有孔子之孙子思，此时离开圣人的思想已经很遥远了，异端学说也开始兴起。子思害怕时间越久越会失去圣人传授的本来面貌，于是根据尧、舜以来圣人与圣人相传的意思加以推演，并对照平时听到的长辈和老师的言论，重新加以编排和组织，而写成《中庸》一书，用以昭示后来的求学者。由于他的忧虑深邃，所以他的言辞恳切；由于他的思考长远，所以他的论说详尽。其中的“天命率性”，指的是道心；其中的“择善固执”，指的是精一；其中的“君子时中”，指的是执中。时代先后相距一千多年，可是他们的言论是相同的，就像是古代符节那样。遍观前代圣贤的著作，很少能够提纲挈领、开示深刻的道理，它们都不能像《中庸》这样阐述得明白且详尽。